## Spirdtueller Kalender 2025

Lassen Sie sich fallen in die Arme Ihrer Seele und Sie sind das Sie-Sind-Bewusstsein. Das heißt, sie sind Gottes Glanz, denn Sie sind Licht. Spüren Sie die Liebe Gottes und der Engel und Erzengel. Seien Sie, und Sie sind Licht.
Und Gott berührt Sie.
Viel Freude mit dem Kalender und den Affirmationen.


*Zu meiner Person*:


Nach und während einer klassischen Ausbildung, einem Studium im geisteswissenschaftlichen Bereich und einer Dissertation, wurde der spirituelle Weg immer deutlicher für mich zum Leitstern meines Lebens in dieser Welt.
Die hohen Energien von Avalon, die die Druiden einst einsetzten, um heiliges Wissen zu verbreiten, kehren zurück, und in dieser Tradition steht sowohl diese Publikation, wie mein Leben im Licht der Einheit.
Merlin, der aufgestiegene Meister, und Kuthumi, sowie andere Meister, Jesus und Lady Nada zum Beispiel haben in der neuen Zeit die Aufgabe, mit den Menschen an dem Aufstiegsprozess zu arbeiten und sie daran zu erinnern, dass sie das hohe Liebesbewusstsein Gottes sind.

Namasté.

# Schulferien 2025

| | Winterferien | Osterferien | Pfingstferien | Sommerferien | Herbstferien | Weihnachtsferien |
|---|---|---|---|---|---|---|
| Baden-Württemberg | - | 14.04. - 26.04. | 10.06. - 20.06. | 31.07. - 13.09. | 27.10. - 30.10.+31.10. | 22.12. - 05.01. |
| Bayern | 03.03. - 07.03. | 14.04. - 25.04. | 10.06. - 20.06. | 01.08. - 15.09. | 03.11. - 07.11.+19.11. | 22.12. - 05.01. |
| Berlin | 03.02. - 08.02. | 14.04. -25.04. + 02.05. + 30.05. | 10.06. | 24.07. - 06.09. | 20.10. - 01.11. | 22.12. - 02.01. |
| Brandenburg | 03.02. - 08.02. | 14.04. -25.04. + 02.05. + 30.05. | 10.06. | 24.07. - 06.09. | 20.10. - 01.11. | 22.12. - 02.01. |
| Bremen | 03.02. - 04.02. | 07.04. - 19.04. | 30.04. + 02.05. + 30.05. + 10.06. | 03.07. - 13.08. | 13.10. - 25.10. | 22.12. - 05.01. |
| Hamburg | 31.01. | 10.03. - 21.03. | 02.05. + 26.05. - 30.05. | 24.07. - 03.09. | 20.10. - 31.10. | 17.12. - 02.01. |
| Hessen | - | 07.04. - 21.04. | - | 07.07. - 15.08. | 06.10. - 18.10. | 22.12. - 10.01. |
| Mecklenburg-Vorpommern | 03.02. - 14.02. | 14.04. - 23.04.+30.05. | 06.06. - 10.06. | 28.07. - 06.09. | 02.10.+20.10. - 25.10.+03.11. | 22.12. - 05.01. |
| Niedersachsen | 03.02. - 04.02. | 07.04. - 19.04.+30.04. | 02.05. + 30.05. + 10.06. | 03.07. - 13.08. | 13.10. - 25.10. | 22.12. - 05.01. |
| Nordrhein-Westfalen | - | 14.04. - 26.04. | 10.06. | 14.07. - 26.08. | 13.10. - 25.10. | 22.12. - 06.01. |
| Rheinland-Pfalz | - | 14.04. - 25.04. | - | 07.07. - 15.08. | 13.10. - 24.10. | 22.12. - 07.01. |
| Saarland | 24.02. - 04.03. | 14.04. - 25.04. | - | 07.07. - 14.08. | 13.10. - 24.10. | 22.12. - 02.01. |
| Sachsen | 17.02. - 01.03. | 18.04. - 25.04.+30.05. | - | 28.06. - 08.08. | 06.10. - 18.10. | 22.12. - 02.01. |
| Sachsen-Anhalt | 27.01. - 31.01. | 07.04. - 19.04. | 30.05. | 28.06. - 08.08. | 13.10. - 25.10. | 22.12. - 05.01. |
| Schleswig-Holstein | - | 11.04. - 25.04. | 30.05. | 28.07. - 06.09. | 20.10. - 30.10. | 19.12. - 06.01. |
| Thüringen | 03.02. - 08.02. | 07.04. - 19.04. | 30.05. | 28.06. - 08.08. | 06.10. - 18.10. | 22.12. - 03.01. |

*Angaben ohne Gewähr.*

*Informationen und weitere Hinweise:*
www.christian–huels.de
*Blog*: spirit.fotografie–huels.de

*Bibliografische Information der Deutschen Nationalbibliothek:*
Die Deutsche Nationalbibliothek verzeichnet diese Publikation in der Deutschen Nationalbibliografie; detaillierte
bibliografische Daten sind im Internet über www.dnb.de
abrufbar.

*Verlag:*
BoD · Books on Demand GmbH, In de Tarpen 42, 22848 Norderstedt
*Druck:*
Libri Plureos GmbH, Friedensallee 273, 22763 Hamburg
ISBN: 978-3-7693-0130-4

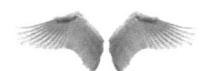

## Feiertage 2025

Neujahr - Mittwoch, 01. Januar 2025
Heilige 3 Könige - Montag, 06. Januar 2025
Internationaler Frauentag - Samstag, 08. März 2025
Weiberfastnacht - Donnerstag, 27. Februar 2025
Rosenmontag - Montag, 03. März 2025
Fastnacht - Dienstag, 04. März 2025
Aschermittwoch - Mittwoch, 05. März 2025
Valentinstag - Freitag, 14. Februar 2025
Frühlingsanfang - Donnerstag, 20. März 2025
Mariä Verkündigung - Dienstag, 25. März 2025
Palmsonntag - Sonntag, 13. April 2025
Gründonnerstag - Donnerstag, 17. April 2025
Karfreitag - Freitag, 18. April 2025
Ostersonntag - Sonntag, 20. April 2025
Ostermontag - Montag, 21. April 2025
Maifeiertag - Donnerstag, 01. Mai 2025
Muttertag - Sonntag, 11. Mai 2025
Christi Himmelfahrt - Donnerstag, 29. Mai 2025
Pfingstsonntag - Sonntag, 08. Juni 2025
Pfingstmontag - Montag, 09. Juni 2025
Fronleichnam - Donnerstag, 19. Juni 2025
Sommeranfang - Samstag, 21. Juni 2025
Mariä Himmelfahrt - Freitag, 15. August 2025
Herbstanfang - Montag, 22. September 2025
Tag der deutschen Einheit - Freitag, 03. Oktober 2025
Reformationstag - Freitag, 31. Oktober 2025
Allerheiligen - Samstag, 01. November 2025
Volkstrauertag - Sonntag, 16. November 2025
Buß- und Bettag - Mittwoch, 20. November 2025
Totensonntag - Sonntag, 23. November 2025
1. Advent - Sonntag, 30. November 2025
Winteranfang - Sonntag, 21. Dezember 2025
Heiligabend - Mittwoch, 24. Dezember 2025
1. Weihnachtstag - Donnerstag, 25. Dezember 2025
2. Weihnachtstag - Freitag, 26. Dezember 2025
Silvester - Mittwoch, 31. Dezember 2025
Neujahr - Donnerstag, 01. Januar 2026

*Die Engel wirken und Gott lenkt. Wenn wir uns
ganz dem Weg öffnen, können wahre Wunder
des Eins-Seins geschehen.
Wir sprechen hebräisch: sha are' orah - bitte Gott,
öffne die Tore zum Himmel, so dass ich aufsteige
in mein höchstes Bewusstsein, das ich in Wahrheit
bin.
Sha are' orah.
Lay'u'esh shekina; eyeh asher eyeh.
Und ich bin der oder die ich bin.*

*Wir können ägyptisch sprechen: Ba Ra Sekhem,
um die hohe Seele, die wir sind, das Höchste
Selbst, das wir sind in das höchste Bewusstsein zu
heben, und wir sind reines Bewusstsein und die
Lebenskraft und -fülle Gottes; sie zu leben und zu
manifestieren ist das Ziel, und wir sprechen und
affirmieren, um uns tiefer mit der Seele und Gott
selber zu verbinden: Ba Ra Sekhem, und wir sind
dies. Ba Ra Sekhem.*

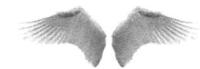

Montag 30. Dezember

Dienstag 31. Dezember     Silvester

*Ich bin Licht, ich bin Liebe, ich bin göttlicher Wille,
und ich bin eins mit Gott, und ich bin, der oder die
ich bin. Ba Ra Sekhem, und die Erde ist Licht.
Ba Ra Sekhem.
Und wir bitten um Zugang zu unserer Akasha.
Bitten wir, dass die Engel und Erzengel, wie Metatron, Sandalphon, Uriel und Haniel uns nun
begleiten und wir sprechen in tiefer Liebe und
Demut: Geburah, Netzach, Binah, Da'ath, Tiferet,
und wir sind Licht, und wir sind Liebe, wir sind
eins mit Gott. Tiferet, und die Schönheit Gottes
leuchtet; wir sind der Glanz Gottes, Hod, He-
sod, Chockma, und es heilt, Chesed, Sephiroth
Kether, und Malkuth, die Shekina am Baum des
Lebens leuchtet, sowie die weiteren Kugeln; und
wir rücken unseren Baum in die Einheit, in der er
immer war und sein sollte, denn dann haben wir
nie Macht missbraucht, nie gemordet, gefoltert,
anderen geschadet, und wir sind Licht.
Ägyptisch: Ba Ra Sekhem.
Und wir spüren die Liebe Gottes, und sie heilt
unser Innen.
Bitten wir, dass die Erzengel nun unsere Akasha
heilen von allen Leben, in denen etwas „schief"
gelaufen ist, und wir sprechen eine oder mehrere
Energieversöhnungen:*

Notizen

Mittwoch **01.** Januar   Neujahr

Donnerstag **02.** Januar

Freitag 03. Januar

Samstag 04. Januar

Sonntag 05. Januar

*Energieversöhnung:*
*Ich bin, der ich bin.*
*Ich bin Licht und ich bin Liebe.*
*Ich bin in meinen Sternentoren, ich bin in Atlantis, in Lemurien, in Avalon und in Ägypten – denn es gibt keine Zeit.*
*Und ich bitte nun, dass alles zum höchsten Wohle gefügt werde.*
*Und ich bin das Ich-Bin-Bewusstsein der Einheit.*
*Ich bin Liebe. Ich bitte, dass nur das geschehe, was in der göttlichen Ordnung ist.*
*Ich bitte die göttliche Ur-Quelle um Hilfe und die geistigen Führer und Lehrer aus der lichtvollen geistigen Welt.*
*Ich bitte die Engel und Erzengelkräfte um Hilfe, die zuständig sind.*
*Ich begrüße die Seele(n), mit der oder denen eine Energieversöhnung ansteht in Liebe.*
*(Vielleicht nimmst Du wahr, welche Seelen sich zeigen).*
*Ich vergebe Dir all das, was Du mir je angetan hast in allen Inkarnationen, in Liebe.*
*Ich bitte Dich um Vergebung, für das, was ich Dir je angetan habe in allen Inkarnationen, in Liebe.*
*Ich vergebe mir selbst, für das, was ich getan oder nicht getan habe in allen Inkarnationen, in Liebe.*
*Ich gebe Dir nun all Deine Energien, Dinge und Fähigkeiten aus allen Dimensionen der Zeit zu Dir zurück. Ich bitte darum, dass auch der Heilige Gral wirkt, in den ich Euch einweihe, sowie die Kraft der Isis. [Bitte warten, bis der Prozess abgeschlossen ist.]*
*Ich nehme nun all meine Energien, Dinge, Selbstermächtigung und Fähigkeiten aus allen Dimensionen der Zeit zu mir zurück. Auch hier bitte ich um die Kraft der Isis, und um die Kraft des Heiligen Grals, in den ich „tauche". [Bitte warten, bis der Prozess abgeschlossen ist.]*

Notizen

## Montag 06. Januar     Heilige Drei Könige

## Dienstag 07. Januar

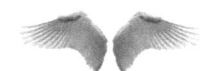

Mittwoch 08. Januar

Donnerstag 09. Januar

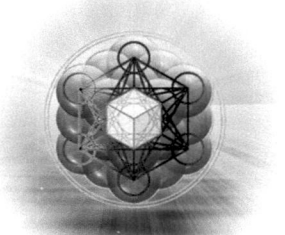

*Ich bitte den Erzengel Michael, alle Verträge, alle Eide, Schwüre, Gelübde, Waffenbrüderschaften, Eheversprechen (über den Tod hinaus) zwischen uns, Schweige-, und Keuschheitsgelübde aufzuheben. [Bitte warten, bis der Prozess abgeschlossen ist.]*

*Ich lasse alle Wut, alle Enttäuschungen, alle Traurigkeit los.*

*Ich bitte den Erzengel Michael, nun alle Verstrickungen zwischen uns, aus allen Dimensionen der Zeit zu lösen, wie es nun dem höchsten Wohle aller entspricht. Ich bitte die Engel, Heilenergien in alle Situationen, in alle Dimensionen der Zeit fließen zu lassen, wie es nun dem höchsten Wohle aller entspricht. Ich bedanke mich bei der göttlichen Ur-Quelle, den Engeln und geistigen Führern und Lehrern, dem Erzengel Michael, bei den Seelen und unseren Schutzengeln.*

*Ich bitte, dass Gott alle Seelenverträge auflöst, die mich binden, alle „Siegelverträge", alle Ortsbänne, Runenmagien und Flüche (Voodooflüche), Pentagramme, alle Machtmissbräuche der Dunkelheit und alle weißen Magien, Schutzzauber und Ordensmitgliedschaften, Gelübde, die dem Licht nicht dienen und alle Bünde und Eide.*

*Wir sind in Wahrheit Gott selber, und alles ist in Gott enthalten. Gott ist reine Liebe und Gnade, und so wir in der Reinform, und sie fließt zu euch. Öffnet euch für Gott selber, und wir sprechen:*

*Gott, bitte öffne die Tore zum Himmel, damit ich aufsteige in mein reinstes und höchstes Bewusstsein und mein höchstes Sternenleben. Ägyptisch betonen wir: Ba Ra Sekhem. Und die Erde ist Licht.*

*Unser Sternenleben heilt, und wir spüren, wer und wie wir auf anderen Planeten sind, und unser hellstes Sternenwissen wird uns integriert, wenn wir darum bitten. Zum Beispiel durch folgende Bitte:*

*Gott, bitte lenke Du, lass mich Deine Liebe spüren. Lass mich nun mein hellstes Sternenleben anschauen und mein Wissen wieder integrieren, das ich so lange verbarg. Ba Ra Sekhem, um dies zu betonen, und ich danke Dir von Herzen. Ba Ra Sekhem. Und die Engel, Mächte & Throne wirken, und helfen bei der Integration. Ba Ra Sekhem. Gott heilt in euch. Ba Ra Sekhem.*

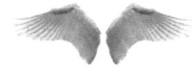

Notizen

Freitag  **10.** Januar

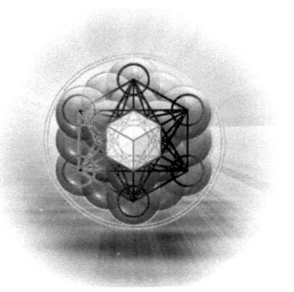

Samstag **11.** Januar

Sonntag **12.** Januar

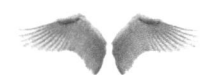

Montag 13. Januar

Dienstag 14. Januar

*Ich bitte erneut um Lösung aller Eheveträge über den Tod hinaus, die jemals geschlossen wurden, sowie aller Schweigegelübde, Kirchengelübde, Treueeide über den Tod hinaus. Sie sind nichtig zu allen Zeiten, in allen Leben. Und wir dienen nur Gott und dem Licht.*

*Wir verbinden das Höchste mit dem „niederen", den Elemantalen der Menschen, der „nur" menschlichen Seite und Wahrnehmung in uns, wenn wir sprechen:*

*Geburah, und ich bin, der ich bin, ich vergebe mir selbst, für all das, was ich jemals getan habe oder unterließ, und ich nehme mein Sternenwissen zu mir zurück, mein Heil- und Hellwissen, auch aus Zeiten von Atlantis, Lemurien, Avalon und Ägypten, und ich bin der oder die ich bin. Ba Ra Sekhem.*
*Ba Ra Sekhem.*
*Und auch alle Verträge mit der Dunkelheit lösen sich, und wir sind Licht, Ba Ra Sekhem, um dies erneut zu betonen.*
*Und wir sind Leben – Ankh. Und die ägyptische Hieroglyphe leuchtet. Ba Ra Sekhem.*

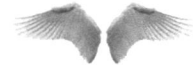

Notizen

Mittwoch **15.** Januar

Donnerstag **16.** Januar

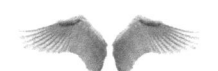

Freitag 17. Januar

Samstag 18. Januar

Sonntag 19. Januar

*Denn was Ihr anderen antatet, kehrt eventuell zu Euch zu-rück. So ist es weise, sich häufiger mit den Seelen zu verbin-den, mit denen eine Energieversöhnung ansteht und sie in Liebe und Frieden mit sich zu versöhnen. Sie und uns von allen Versprechen, Gelübden, Eiden und Verstrickungen zu lösen.*

*Und so sprecht liebevoll:*

*Gott, ich bitte Dich erneut, alle Verstrickungen und Eide, Ver-träge mit der Dunkelheit zu lösen.*

*Bitte löse mich aus allem Massenbewusstsein und aus allen Verträgen damit zu allen Zeiten, zu allen Epochen, in allen „Räumen", Dimensionen und lass mich erneut am Aufstieg teilnehmen und Zellverjüngung fließt ein.*

*Ich bitte, dass auch alle Traumen aus Vorleben nun gelöst werden durch Gott und die Engel und Erzengel.*

*Bitte Gott, löse alle Verträge, alle Einschusslöcher, alle Glied-abtrennungen, alle Traumen aus Unfällen, wie ertrunken sein, auch gehängt oder geköpft werden, verfolgt werden (für Spiritualität); lass' mich Deine Liebe spüren und verkörpern, ich bin Licht. Ägyptisch: Ba Ra Sekhem, und auch alle „Licht-bahnen" heilen in mir. Ba Ra Sekhem.*

*Und so danken wir Gott von Herzen.*

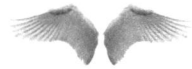

Notizen

Montag 20. Januar

Dienstag 21. Januar

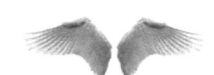

Mittwoch 22. Januar

Donnerstag 23. Januar

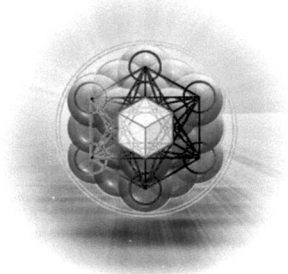

*Merlin, der aufgestiegene Meister heilt Euer drittes Auge. Er verbindet Euch mit Eurem hellsten und reinsten Wissen aus allen Leben. Bittet ihn und Gott darum, nun dieses Wissen zu integrieren.*

*Und Gott öffnet die Tore zum Himmel und Euer Wissen heilt. Und Ihr seid Licht, Ba Ra Sekhem, um dies ägyptisch zu betonen.*

*Merlin und Gott selber heilen Euer drittes Auge, und Eure Seele heilt von alten Verletzungen, die Ihr einst in Kauf nahmt, um auch die Dunkelheit zu erspüren. Sie ist in Wahrheit Licht und eine Illusion. Und die Schleier dieser Illusion weichen in Euch, so dies auch der Wille Gottes ist, und dies ist er. Ba Ra Sekhem, und Ihr seid, die Ihr seid.*

*Spürt die Liebe Gottes, und sie heilt auch Euer drittes Auge.*

*Und auch die anderen Meister des Lichtes helfen Euch, wie Kuthumi, Merlin, St. Germain, Lady Nada, Jesus Sananda, Serapis Bey, Kuan Yin, White Eagle, und die weiße Bruderschaft des Lichtes heilt Euch von Sternenleben, die dem Licht nicht dienten. Spürt sie, diese Bruderschaft des Lichtes. Und Erleuchtung sei, Ba Ra Sekhem, um dies ägyptisch zu betonen.*

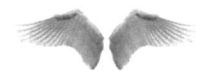

Notizen

Freitag 24. Januar

Samstag 25. Januar

Sonntag 26. Januar

Montag **27.** Januar

Dienstag **28.** Januar

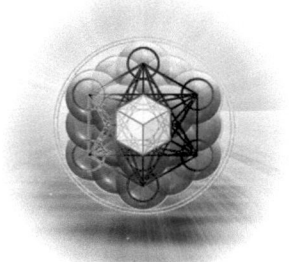

*Wenn wir aufsteigen, sehen wir die Welt und unser Leben aus der Perspektive Gottes, des All-Einen, der wir in Wahrheit sind. Und wir sind Licht, und wir sind, die wir sind.*

*Betrachten wir uns „von oben", ohne Dimensionen, ohne so genannte Raumfalten, und ohne „Ebenen", wie sehen wir uns?*

*Sind wir „Licht"?*

*Sehen wir etwas Negatives an uns, wie Anhaftungen, Glaubenssätze, die uns eventuell als dunkle Stellen am oder im Kopf gezeigt werden?*

*Lassen wir sie nun durch Gott und die Engel heilen, indem wir sprechen:*

*Poc & Pod, wright and wrong, god zillion, und der „access bars clearing Satz" ist gesprochen worden; denn dies heißt, dass wir in allen Dimensionen und „Schichten" unseres Seins um die Auflösung von Störfeldern, Programmen und „Schöpfungen" der Dualität in uns (ob aus diesem oder anderen Leben) bitten, und diese durch Gott heilen und „zerstören" (point of creation, point of destruction), wir sind SchöpferInnen unseres Lebens. Und wir destruieren das negativ Geschöpfte in uns, in und aus allen Leben; ägyptisch: Ba Ra Sekhem, und wir sind Licht. Ba Ra Sekhem.*

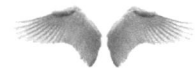

Notizen

Mittwoch 29. Januar

Donnerstag 30. Januar

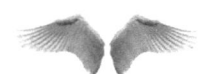

Freitag 31. Januar

Samstag 01. Februar

Sonntag 02. Februar

*Kuthumi, der aufgestiegene Meister hilft Euch beim Auf-*
*stieg. Bittet ihn einmal:*
*Bitte, geliebter Meister Kuthumi, begleite und heile meinen*
*Aufstieg, bitte heile auch, so notwendig meinen Lichtkanal,*
*mein Hellhören und -sehen. Bitte lasse mich durch Deine*
*Hilfe am Aufstieg und an den Prozessen der lichtvollen geis-*
*tigen Welt teilnehmen und richte mein Sein zusammen mit*
*anderen Meisterinnen und Meistern, Gott und den Engeln,*
*Mächten und Thronen, Erzengeln und der gesamten licht-*
*vollen geistigen Welt auf Licht und Liebe und die Teilnahme*
*am Aufstieg aus.*
*Sollte es erlaubt sein, so bitte ich um eine Botschaft von dir*
*Meister Kuthumi.*
*Ihr könnt sprechen und Euch gleichzeitig mit Mutter Erde*
*verbinden:*
*Ich bin Liebe, ich bin Wille, ich bin der ich bin, und ich bin*
*Liebe. Ich manifestiere aus dem höchsten Bewusstsein, dass*
*ich Licht und Liebe bin zu allen Zeiten, und in Liebe, jetzt.*
*Spürt die Liebe Gottes, und sie ist reines Wissen und Gnade,*
*und sie heilt.*
*Ba Ra Sekhem, um dies ägyptisch zu betonen. Ba Ra Sek-*
*hem.*
*Hört nun auf die Botschaft von Meister Kuthumi und der*
*lichtvollen geistigen Welt.*

Notizen

Montag 03. Februar

Dienstag 04. Februar

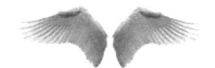

Mittwoch 05. Februar

Donnerstag 06. Februar

*Die Aufstiegsenergien sind sehr hoch. Sie erlauben, hohes Wissen und Fähigkeiten wieder zu integrieren. So sind wir Licht. Wir spüren dies Fähigkeiten, und wir sind Licht. Ba Ra Sekhem.*

*Und Gott lenkt in uns, so dass wir die Seele und da höchste Selbst integrieren, zum Beispiel durch folgende Bitte:*

*Gott, bitte heile mein Innen, lass' mich tiefer mit Dir, der Seele, den Engeln und Erzengeln, meinem Höchsten Selbst in mir verschmelzen, lass' mich tiefer die Liebe der Seele spüren, und ich bin Licht, und ich bin, der ich bin. Ba Ra Sekhem. Und wir fühlen die Einheit in uns. Und unser Leben ist in der Fülle Gottes, und sie heilt uns. Ba Ra Sekhem, und Gott heilt uns. Ba Ra Sekhem erneut. Und wir sind, die wir sind. Ba Ra Sekhem.*

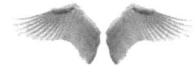

Notizen

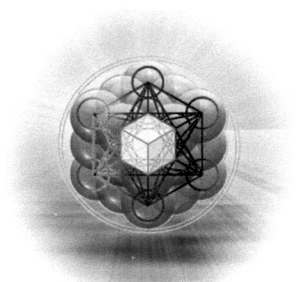

Freitag 07. Februar

Samstag 08. Februar

Sonntag 09. Februar

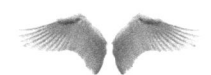

Montag 10. Februar

Dienstag 11. Februar

*Wir sind Frieden, und der Friede Gottes wirkt; Shanti; und wir sind Licht. Wir sind in Wahrheit Gott selber, und wir sind Leben; Ankh, und die ägyptische Hieroglyphe leuchtet und die heilige Barke leuchtet. Wir werden tiefer in den Aufstieg gehen und uns mit dem Höchsten Selbst verbinden, und die heilige Geometrie kann diesen Prozess unterstützen. Bitten wir Gott und die Engel die Verschmelzung mit Gott und dem Höchsten Selbst nun vollständig zu vollziehen; geliebter Erzengel Metatron, kann eine Bitte lauten, bitte unterstütze den Prozess mit der heiligen Geometrie, lass' alle Raumfalten weichen in mir, die verhindern sollten, dass ich channele, dass ich die Verschmelzung mit den höchsten Anteilen vollziehe, und ich bin Licht, ich bin göttlicher Wille, und ich bin eins mit Gott und dem Höchsten Selbst.*

*Ich bitte, dass alle Anteile in mir geheilt werden, die jemals in der Trennung waren; und die Energieversöhnungen (siehe Seite 12) sind bereits erledigt und entschieden zum Licht. Bitte Gott, lass' alle Anteile in das Licht der Einheit gehen, wo sie geheilt und geklärt werden, und die Energieversöhnungen sind erneut bereits erledigt und entschieden zum Licht.*

*Und ich bin Ba Ra Sekhem. Und ich bin Licht. Und ich bin El Shaddai. Ba Ra Sekhem, um dies ägyptisch zu betonen.*

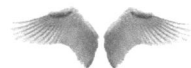

Notizen

Mittwoch 12. Februar

Donnerstag 13. Februar

Freitag **14.** Februar    Valentinstag

Samstag **15.** Februar

Sonntag **16.** Februar

*Und wir lösen unser Karma komplett, indem wir Gott und die Engel bitten, alles Karma aus Vorleben und diesem Leben nun zu klären. Alle karmischen „Chips und Implantate" weichen, und wir sind Licht. Wir lösen den karmischen Rat in uns, wenn wir in Liebe und Frieden Gott dienen, und wir sind Licht.*

*Gott, bitte heile mein Karma aus allen Leben, lass mich Deine Liebe spüren und sie leben, denn ich bin Licht, und ich bin Wille und Weisheit, und ich bin, der ich bin.*

*Und ich manifestiere aus dem höchsten Bewusstsein in Liebe, jetzt, dass ich Licht und Liebe bin, und Gott selber, und ich erlaube mir das Channeln in der Reinheit des göttlichen Bewusstseins, und ich bin das Ich-Bin-Bewusstsein.*

*Und ich bin Licht.*

*Ich bitte nun Gott, der ich in Wahrheit selbst bin, mein Karma auf diesem Planeten und, so erlaubt, auf anderen, zu lösen, und ich bin, der ich bin.*

*Gott, bitte erlaube mir, in Liebe dies Karma zu lösen, und alle Eide, Bünde und Pakte weichen, alle Treueide über den Tod hinaus, die dem Licht nicht dienen, alle Sektenmitgliedschaften lösen sich, die jemals gelebt wurden, und ich bin Licht, dies dürfen wir sagen.*

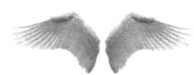

Notizen

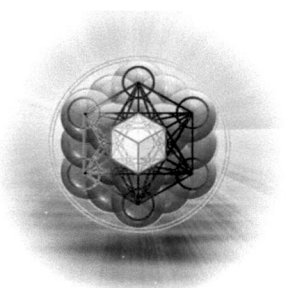

Montag **17.** Februar

Dienstag **18.** Februar

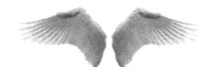

Mittwoch 19. Februar

Donnerstag 20. Februar

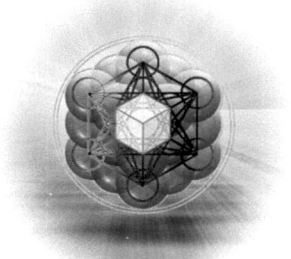

*Gott ist unendliche Liebe und Gnade. Und wir sind Liebe.*
*Ich bin Licht, ich bin Liebe, Wille und Weisheit, und ich ma-*
*nifestiere aus dem höchsten Bewusstsein, dass ich Liebe bin.*

*Ba Ra Sekhem. Ägyptisch: Hohe Seele, Höchstes Selbst, Be-*
*wusstsein, Lebenskraft, und wir sind Licht.*
*Wir sind Ba Ra Sekhem.*
*Und wir heilen erneut im Licht Gottes, denn wir sind Leben.*

*Und so lösen wir alle Versprechen an die Dunkelheit, die wir*
*jemals gegeben haben, und wir sind Licht. Ba Ra Sekhem,*
*und die heilige Barke leuchtet, und wir sind Licht. Ba Ra*
*Sekhem.*

*Bitte Gott, erlasse mir erneut mein Karma, und ich bin Licht.*
*Spüren wir, zu wieviel Prozent uns nun unser Karma erlassen*
*wurde? Lassen wir es uns zeigen.*
*Sollte es uns noch nicht zu 100 % erlassen worden sein, so*
*bitten wir in tiefer Liebe die Engel und Erzengel zu Hilfe,*
*wenn wir eine Energieversöhnung sprechen...*

*[Siehe Seite 12 ff. – sie kann mehrfach und häufiger wieder-*
*holt werden.]*

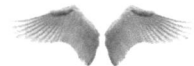

Notizen

Freitag 21. Februar

Samstag 22. Februar

Sonntag 23. Februar

Montag 24. Februar

Dienstag 25. Februar

Das Gesetz der Wiederkehr sieht vor, dass wir manches Lernthema (aus dem Mittelalter) anschauen auf diesem Planeten, dass mit Macht und Missbrauch auf der Täterseite zu tun hat, mit Folter oder Inquisition, Morden und Kriegen. Diese Täterleben sind eventuell auch für unser jetziges Leben eine Art „Bremse"; sie können uns hindern, Erfolg zu sein, glücklich zu leben, eine Partnerschaft zu genießen.

Sehr häufig „decken" sich Themen aus Täterleben mit der Herkunftsfamilie; d.h., wir inkarnieren in traumatischen Beziehungsstrukturen, die „generationenweise" psychisch vererbt werden.

So gibt es die Theorie, dass Traumen transgenerativ vererbt werden, in ihrem Ursprung aber „eigentlich" aus dem Mittelalter oder anderen Kriegen auf diesem Planeten stammen, die wir einst selbst geführt haben.

Bitten wir also häufiger um Vergebung auf der Seelenebene und „überprüfen" vor unserem geistigen Auge unser Karma.

Ist es tatsächlich ganz gelöst?

Bitten wir Gott um Unterstützung und Klärung unsere Ahnenlinie von solchen Leben und den Morden und Foltern.

Ba Ra Sekhem, um dies erneut zu betonen.

Und wir sind Licht. Ba Ra Sekhem.

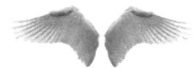

Notizen

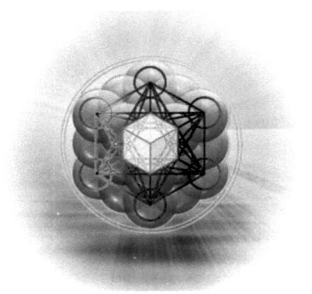

Mittwoch 26. Februar

Donnerstag 27. Februar

Freitag 28. Februar

Samstag 01. März

Sonntag 02. März

*Ist uns unser Karma nun zu weiterer Prozent vergeben? Bitten wir Gott erneut um Gnade, und wir sind Licht. Wir sind Geist, Bewusstsein, Lebenskraft und -fülle. Wir sind Ba Ra Sekhem.*

*Und die Engel und Erzengel heilen uns.*
*Wir erlösen uns aus allen „dunkel" geschöpften Realitäten, die unserem Licht und dem hohen Ba der Einheit nicht dienen.*

*Wir sprechen zum Beispiel:*
*Ich bin Licht, Liebe und Wille, ich bin Gott selber, und ich channel in der Reinheit des göttlichen Bewusstseins, ich bin, der ich bin.*
*Ich löse alle Verträge mit der Dunkelheit, ich bin Licht. Ich löse alle Seelenverträge erneut, und ich bin, der ich bin. Ich erlöse alle Eide, Bünde und Pakte, und ich bin auch Erzengel Michael, den ich rufe.*
*Bitte, geliebter Erzengel Michael, erlöse die Bünde und Treueeide und die Verstrickungen mit allen Seelen, denen ich geschadet habe oder denen ich negative Energien sandte. Ich danke Dir von Herzen.*

Notizen

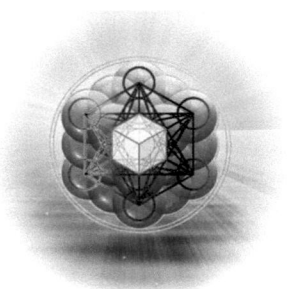

Montag 03. März        Rosenmontag

Dienstag 04. März

Mittwoch **05.** März     Aschermittwoch

Donnerstag **06.** März

*Ich bitte Gott selber, mich zu erleuchten und Erzengel Raziel, mein drittes Auge zu öffnen und zu klären.*

*Ich bitte Kuthumi, den aufgestiegenen Meister, mein Sein zu durchströmen. Ich bin Licht.*

*Der Meister heilt unser drittes Auge, und Erzengel Raziel wirkt. Und auch die Krone am Baum des Lebens heilt, der Sephirot Kether. Und wir sind Licht. Ba Ra Sekhem, um dies ägyptisch zu betonen. Und Gott lenkt. Und wir dienen nur Gott und dem Licht. Ba Ra Sekhem.*

*Bitten wir erneut, dass Gott und der Erzengel Raziel, und der Erzengel Gabriel unser Hellsehen, -hören und -fühlen heilen und klären, und unsere Gaben Gottes in uns entfaltet werden.*

*Wir verbinden uns mit der Essenz Gottes. Und das All ist Licht, es ist der Glanz Gottes, und wir sind Licht. Ba Ra Sekhem, um dies ägyptisch zu betonen.*

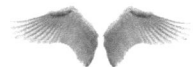

Notizen

Freitag 07. März

Samstag 08. März

Sonntag 09. März

Montag 10. März

Dienstag 11. März

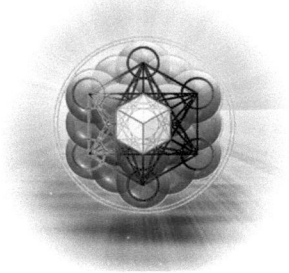

*Erzengel Raphael, ich bitte Dich, heile mein
physisches Sein, ich bitte Dich, mich mit göttlicher All-Liebe
zu heilen und mein Sein zu klären.*
*Ich bitte dich, geliebter Erzengel Raphael, lass mich Deine
Liebe spüren.*
*Ich bin Licht.*
*Ich bin Liebe, ich bin Wille, ich bin Gott selber, und ich mani-
festiere, dass ich Licht und Liebe bin, ägyptisch: Ba Ra Sek-
hem.*
*Und Erzengel Raphael, bitte heile auch mein limbisches Sys-
tem, meine DNA, mein ganzes physisches Sein erneut.*
*Bitte stelle meine göttliche Gesundheit wieder her.*
*Ich danke Dir von Herzen.*
*Bitte löse alle Mikroentzündungen in mir, alle schädlichen
Bakterien, Viren und Erreger, die mir schaden in meinem
Körper. Bitte löse alle „schädliche" Strahlung komplett sowie
alle Narben, z.B. aus Operationen, sowie alle ANhrungsmit-
telunverträglichkeiten, Schwingungen von Nahrungs- und
Genussmitteln, die meiner göttlichen Gesundheit nicht die-
nen, sowie weiteren Störfeldern in Organen. Und ich danke
Dir von Herzen.*
*Spürt die Liebe Gottes, und Ihr seid Licht.*

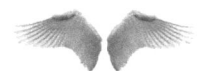

# Notizen

Mittwoch 12. März

Donnerstag 13. März

Freitag **14.** März

Samstag **15.** März

Sonntag **16.** März

*Gabriel ist die Macht Gottes, sein Name bedeutet, gleißendes
Licht, Gott selber. Ba Ra Sekhem, und Gott heilt in uns. So
sind wir die Engel und Erzengel, so wie auch Metatron und
Erzengel Gabriel. Spürt die Liebe Gottes, die durch Erzengel
Gabriel verkündet wird. Ba Ra Sekhem. Ihr könnt sprechen:
Ich bin Licht, ich bin Liebe, ich bin Wille, und ich bin Leben,
ich manifestiere aus dem höchsten Bewusstsein, dass ich
Licht und Liebe bin.*

*Wahres All-Eins-Sein sei, und ich bin Licht.*

*Spürt Erzengel Gabriel und Metatron und seid, denn Ihr seid
Licht. Ba Ra Sekhem.*

*Spürt die Liebe Gottes in Eurem Herzen, und die Erzengel
helfen.*

*Ich bitte Dich, Gott, lass mich Deine Liebe spüren, und von
nun an jeden Tag erneut.*

*Ich bin Liebe, ich bin Wille, ich bin Weisheit, ich bin Gott
selber. Und ich manifestiere aus dem höchsten Bewusstsein,
dass ich Licht und Liebe bin, und Gott selber.*

*Ba Ra Sekhem, und die Einheit stets in mir zu erleben. Und
ich bin, der ich bin.*

*Ba Ra Sekhem.*

*Und ich bin Licht.*

*Ich danke Gott und den Engeln und Erzengeln von Herzen.*

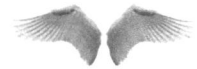

Notizen

Montag **17.** März

Dienstag **18.** März

Mittwoch 19. März

Donnerstag 20. März          Frühlingsanfang

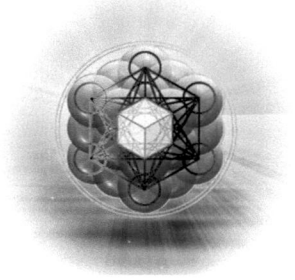

*Erzengel Metatron, ich bitte Dich, mich zu heilen, und ich bin Licht.*
*Lass mich Deine Liebe und Deinen Willen spüren.*
*Lass mich Deine Geometrie nutzen und damit heilen. Auch andere, wenn dies erlaubt ist.*
*Ich bin Liebe, ich bin Licht, ich bin Wille, ich bin Gott selber, und ich manifestiere aus dem höchsten Bewusstsein, jetzt, dass ich Liebe bin. Ich bin, der ich bin.*
*Ba Ra Sekhem, um dies ägyptisch zu sagen.*
*Ich bin Licht.*

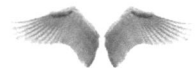

Notizen

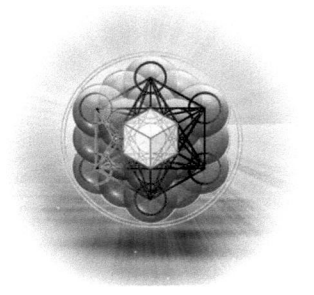

Freitag 21. März

Samstag 22. März

Sonntag 23. März

Montag 24. März

Dienstag 25. März

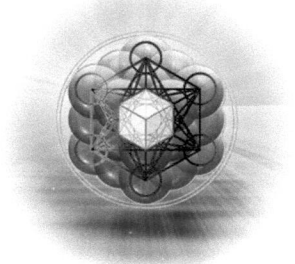

Geliebter Erzengel Metatron, heile mich erneut.
Ich bitte Dich in Liebe, mein Bewusstsein integrieren zu
dürfen, und ich bin Licht.
Ich bin Liebe, ich bin Gott selber, und ich manifestiere aus
dem höchsten Bewusstsein, dass ich Liebe bin. Und ich bin,
der ich bin.
Ba Ra Sekhem, ägyptisch, Geist/Hohe Seele/Höchstes Selbst,
Bewusstsein – Ra, Lebenskraft und -fülle. Und ich bin Licht.

Ich bitte Dich nun, geliebter Erzengel Metatron, die heilige
Geometrie wirken zu lassen an meinem Ort, in meinem
Umfeld, in meiner Aura, und dort wo es nun erlaubt ist.

Lass mich Deine Liebe spüren, und ich bin, der ich bin. Und
in Wahrheit bin ich Gott selber, und ich erlaube mir, es zu
spüren. Und ich bin Licht. Geliebter Erzengel Metatron, lass
all mein Sein durch Deine Geometrie klären und heilen, alle
Energien, die von anderen stammen, lass sie reinigen im
Licht der Einheit und durch den Würfel Metatrons. Und ich
bin Licht. Und ich bin Gott selber. Ba Ra Sekhem.

Gott und Metatron, ich danke Euch.

Notizen

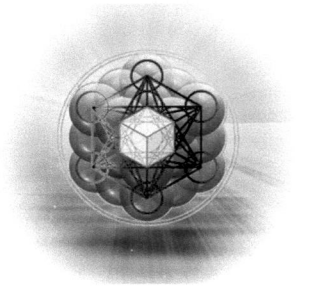

Mittwoch 26. März

Donnerstag 27. März

Freitag 28. März

Samstag 29. März

Sonntag 30. März    Beginn der Sommerzeit

*Lass mich fühlen, wie liebevoll ich bin, und ich bin Licht.*
*Gott, ich danke Dir.*
*Denn ich bin Licht.*
*Die Erzengel heilen mich, wenn ich darum bitte, und so dies*
*Gottes Wille ist.*
*So kann Erzengel Metatron sehr viel Transzendenz bewirken,*
*und den Ba der Einheit wieder herstellen. Wir können bitten:*
*Ich bitte Dich, geliebter Erzengel Metatron, erhöhe mein*
*Sein. Verbinde mich mit Gott selber, und verbinde mich mit*
*Deiner Kraft. Heile auch meinen Körper mit den heiligen*
*Geometrien, so wie ich den Erzengel Raphael in tiefer Liebe*
*darum bitte, und lass mich Deine Liebe spüren.*
*Ich bin Licht.*
*Es gibt keine Trennungen, sie sind Illusionen. So sind wir*
*Licht.*

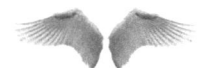

Notizen

Montag **31.** März

Dienstag **01.** April

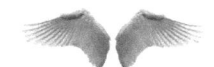

Mittwoch 02. April

Donnerstag 03. April

*Erzengel Metatron, ich bitte Dich, geliebter Erzengel, verbinde mich mit Deiner Macht und Klarheit, und ich bin, der ich bin.*
*Ba Ra Sekhem.*
*Und die Macht Gottes wirkt in mir, ich bin Licht.*
*Die Macht Gottes, Geburah, Netzach, Binah, ist Klarheit, Wissen und Hellfühlen, Macht und Liebe zugleich, Heilung und Transzendenz.*
*Und wir sind Licht.*
*Ägyptisch: Ba Ra Sekhem.*
*Und die Anteile heilen, die in der Trennung waren.*

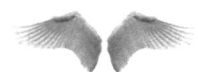

Notizen

Freitag 04. April

Samstag 05. April

Sonntag 06. April

Montag 07. April

Dienstag 08. April

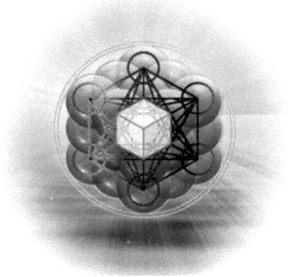

*Erzengel Metatron, ich bitte Dich erneut, lass mich Deine Liebe spüren. Ich bitte Dich, geliebter Erzengel Sandalphon, erhöhe mein Sein.*

*Lasst mich tiefer spüren, was Gottes Wille ist, und ich bin, der ich bin. Ich danke Euch von Herzen. Und in Wahrheit bin ich Gott selber.*

*Und die Macht Gottes wirkt. Ba Ra Sekhem, ägyptisch, für reines Bewusstsein, Macht und Fülle im Leben und der Spiritualität.*

*Ich bin Licht, dies dürft Ihr sagen.*

*Ba Ra Sekhem. Und ich bin Licht. Ba Ra Sekhem. Und die Macht Gottes wirkt.*

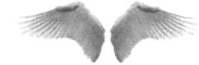

Notizen

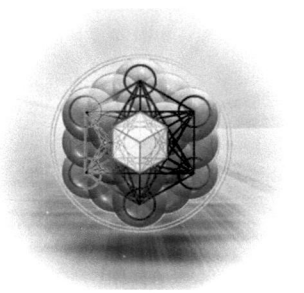

Mittwoch 09. April

Donnerstag 10. April

Freitag 11. April

Samstag 12. April

Sonntag 13. April

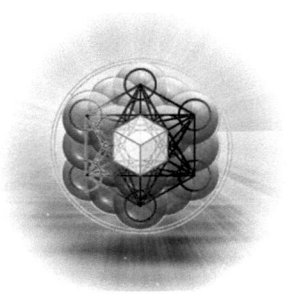

16. KW    14. - 16. April 2025

Montag **14.** April

Dienstag **15.** April

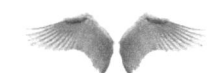

Mittwoch 16. April

Donnerstag 17. April

*Erzengel Metatron, ich rufe Dich, lass mich Deine Liebe spüren.*

*Ich bin Liebe, ich bin Licht, ich bin Wille, ich bin Weisheit, und ich manifestiere aus dem höchsten Bewusstsein, dass ich Liebe bin.*

*Ba Ra Sekhem, und ich bin Licht.*

*Ich bitte Dich erneut, nun alle Felder zu heilen, die nicht in der Einheit sind, in meinem Haus/in meiner Wohnung, in meinem Umfeld, auf der Erde, sowie in mir, so dies jetzt erlaubt ist.*

*(Meist stammen diese aus Vorleben, und wir können bitten, dass diese ebenso heilen, verstärkt in dem Sinne, dass wir Gott von nun an dienen und gemeinsam mit der lichtvollen geistigen Welt Heilung zu diesem Planeten bringen).*

*Durch Erzengel Metatron und unseren Ba fließt Erdheilung ein, und wir sprechen in der Reinheit des göttlichen Bewusstseins eine Energieversöhnung, so dies geschehen ist.*

*(Siehe Seite 12).* *Und die Anteile in uns heilen, denn wir sind Licht. Ba Ra Sekhem.*

Notizen

Freitag **18.** April       Karfreitag

---

Samstag **19.** April

---

Sonntag **20.** April       Ostersonntag

---

Montag **21.** April    Ostermontag

Dienstag **22.** April

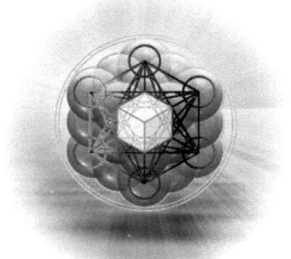

Gott lenkt, und wir bitten in tiefer Liebe und Demut, dass
Gott unser Feld, unsere Wohnung, unser Sein in seine Hände
nimmt, und alle Fremdenergien heilen, alle Dunkelheit weicht,
und alle Magie aus Vorleben. Und wir sind Licht, und wir sind,
die wir sind.

Ägyptisch: Ba Ra Sekhem, und wir sind Licht.

Und auch unser inneres Kind heilt im Licht der Einheit, in Gottes Händen, und wir sind Licht. Ba Ra Sekhem.

Und wir bitten Gott, dass unser inneres Kind, auch und gerade
das Verletzte (sei dies aus Vorleben oder diesem Leben) heilt.
Und wir sind Licht.

Ägyptisch: Ba Ra Sekhem.

Und wir sind Gott selber, und wir sind Licht.

Spüren wir die Liebe Gottes? Sie heilt.

Und wir sind Leben, Ankh. Und die ägyptische Hieroglyphe
leuchtet.

Ba Ra Sekhem, und wir spüren die Liebe Gottes (auch in unserer Wohnung, in unserem Heim).

Ba Ra Sekhem.

Verbinden wir die Wohnung mit der Kraft Gottes. Zum Beispiel
durch folgende Bitte: Bitte Gott, verbinde Dich mit meinem
Wohnort, und lass` dort alle alten Energien reinigen, lösen und
klären, so sie dem Licht nicht dienen, und bitte verbinde diesen Ort mit Deiner Kraft und Deiner Liebe. Ich danke Dir von
Herzen. Und auch die Erzengel wirken. Ba Ra Sekhem.

Notizen

Mittwoch 23. April

Donnerstag 24. April

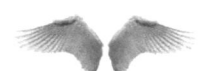

Freitag 25. April

Samstag 26. April

Sonntag 27. April

Wir sprechen in tiefer Liebe und Demut: Ich bin Licht, ich bin
Gott, und ich manifestiere aus dem höchsten Bewusstsein, in
Liebe, jetzt, dass ich Licht und Liebe bin, und Gott selber.
Und wir sind Licht.
Gott lenkt, und wir dienen nur Gott und dem Licht, so wir dies
wünschen. Und wir sprechen: Ich diene nur Gott und dem
Licht. Ich bin der oder die ich bin.
Ba Ra Sekhem, um dies ägyptisch zu betonen.
Und wir bitten, dass die Engel, Mächte und Throne wirken und
uns unterstützen und heilen von allen Programmen, in uns,
die dem Licht nicht dienen. Und wir sind Licht. Ba Ra Sekhem,
und wir sind, die wir sind.
Und wir bitten Gott, der oder die wir in Wahrheit sind, uns
zu vollständiger Erleuchtung zu führen und zu vollständiger
Transzendenz, und wir sind Licht. Wir sind Liebe, wir sind göttlicher Wille und eines mit Gott, und wir manifestieren aus dem
höchsten Bewusstsein, in Liebe, jetzt, dass wir Licht und Liebe
sind. Ba Ra Sekhem.
Und wir nehmen unsere „wahre Gestalt" im Licht der Einheit
wieder an, wenn wir darum bitten in tiefer Liebe und Demut.
Und diese Gestalt, und wir hüllen uns in das Licht-Gewand, ist
eins mit Gott. Ba Ra Sekhem.

Notizen

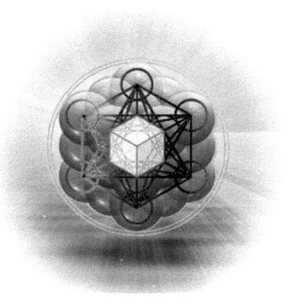

18. KW    28. April - 04. Mai 2025

Montag 28. April

Dienstag 29. April

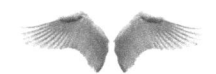

Mittwoch 30. April

Donnerstag 01. Mai    Tag der Arbeit

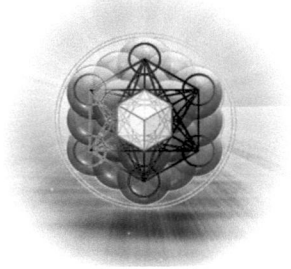

*Wir sind Licht, und unser inneres Kind heilt. Es ist durch viele
Leben gegangen, in vielen Kulturen geboren und auch manches mal durch leidvolle Erfahrungen.*

*Wir bitten Gott, all unsere inneren Kinder zu heilen, sie aus
Vorleben Liebe und Frieden spüren zu lassen, sie von allen
Traumen zu heilen.*

*Spüren wir dies?*

*Lassen wir ihnen durch Gott und die Engel und Erzengel
Heilung zufließen, und sie „integrieren", und so auch Schocks
und Traumen in diesem Leben mit einbeziehen.*

*Bitten wir die Erzengel, die zuständig sind zu Hilfe.*

*Bitten wir sie, dass aller „Drehkreisschwindel" weicht in uns
aus allen Schocks der Kindheit, bitten wir, dass sich alle
„Traumablasen" lösen (eingekapselte, zum Teil abgespaltene
Energie) und durch Licht und Heilung ersetzt werden.*

*Ich bin Licht, dies dürft Ihr sagen. Spürt Ihr eine Veränderung?*

*Bittet erneut die Engel um Heilung der Traumen und Schocks,
die Ihr erlebt habt.*

*Und wiederholt diese Bitte, bis Ihr heil seid.*

*Ba Ra Sekhem, und Ihr seid Licht. Und alle so genannte Erdge-
bundenheit weicht in uns. Und wir sind Licht. Ba Ra Sekhem
erneut.*

*Und wir danken Gott und den Engeln und Erzengeln.*

Notizen

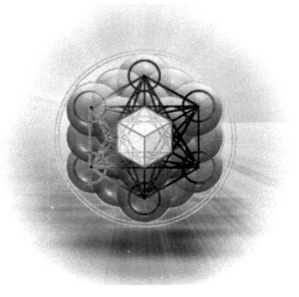

Freitag 02. Mai

Samstag 03. Mai

Sonntag 04. Mai

Montag 05. Mai

Dienstag 06. Mai

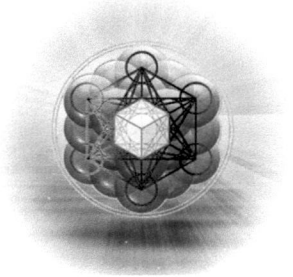

*Erzengel Sandalphon, ich rufe Dich. Bitte heile meine Trennungen. Ich bitte Dich, lass mich Deine Liebe spüren, und ich bitte Dich um Liebe und Frieden im Herzen. Lass mich Liebe sein.*

*Lasst dies wirken und spürt die Liebe des Engels.*

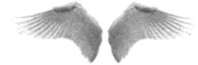

Notizen

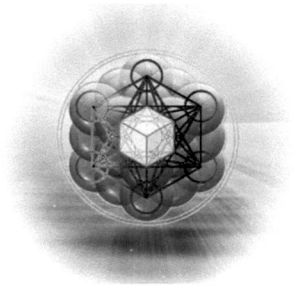

Mittwoch 07. Mai

Donnerstag 08. Mai

Freitag 09. Mai

Samstag 10. Mai

Sonntag 11. Mai          Muttertag

*Erzengel Raphael, ich bitte Dich erneut, mich zu heilen und zu begleiten, lass mich Deine Liebe spüren und bitte heile meinen Körper von allen Schäden, von allen „Impfblockaden", von Resten von Lebensmittelzusätzen, Allergien, Holzschutzmitteln, Pflanzenschutzmitteln, elektromagnetischen Strahlenschäden, so sie existieren, von allen Verletzungen aus Vorleben, (z. B. von Einschusslöchern, Pfeilen, Speeren und anderen Schwerthieben, so sie vorhanden sind) und Flüchen in der Aura, von allen Bännen und anderen Magien, so sie Auswirkungen auf mich haben.*

*Lasst dies wirken, und wir danken von Herzen.*

*Ich bin Leben, ich bin Licht, und ich bin Wille, und ich manifestiere, aus dem höchsten Bewusstsein, dass ich Liebe bin.*
*Dies dürft Ihr sprechen.*
*Ägyptisch: Ba Ra Sekhem.*
*Und wir lösen den Ka der Trennung in uns. Wir sind Licht.*
*Wir sind, die wir sind und reines Bewusstsein. Ba Ra Sekhem.*

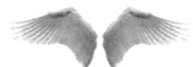

Notizen

Der Würfel Metatrons wirkt, und wir bitten darum.
Ba Ra Sekhem. Und wir spüren dies.
Ba Ra Sekhem.

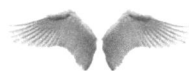

Montag 12. Mai

Dienstag 13. Mai

Gott lenkt, und wir öffnen uns für Gott selber, der wir in
Wahrheit sind; Gott, bitte lenke Du, dies dürfen wir sagen.
Wir legen das Steuer unseres Seins in Gottes Hände, wenn
dies unser Wille ist. Und wir sind Licht, Ba Ra Sekhem, um
dies ägyptisch zu betonen.
Und wir bitten Gott, dass er unser Innen heilt. Gott, bitte heile
Anteile in mir, auch die, die in Vorleben traumatische Erfah-
rungen gemacht haben. Bitte lass` sie im Licht der Einheit
heilen, und wir sind, die wir sind.
Ich bin, der ich bin.
Und die Anteile gehen in das Licht der Einheit, und sie heilen
in Gottes Händen, und sie werden nun wieder integriert, so
sie geheilt sind.
Und wir bitten darum, dass unser Seelenanteile komplett zu
uns zurückkehren, und wir sind Licht. Wir verbinden uns mit
ihnen, und wir sind Licht.
Ba Ra Sekhem.
Und alle Energieversöhnungen sind bereits erledigt und
entschieden zum Licht.
Und wir sind Licht. Ba Ra Sekhem.
Und wir sind Leben. Ankh.
Und die Erde ist Licht.
Ba Ra Sekhem, und wir danken Gott von Herzen.

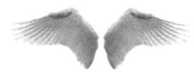

Notizen

Mittwoch **14.** Mai

Donnerstag **15.** Mai

Freitag **16.** Mai

Samstag **17.** Mai

Sonntag **18.** Mai

*Bitten wir erneut, dass alle Anteile in uns heilen, und wir sind Licht.*
*Wir sind Leben. Ankh, und die ägyptische Hieroglyphe leuchtet.*
*Und wir bitten Gott und die Engel und Erzengel zu Hilfe, unsere Anteile zu integrieren, sie zu heilen und ihnen zu neuem Leben zu verhelfen. Und die Urwunde allen Seins schließt sich, so sie noch nicht geheilt war. Denn wir sind Licht.*
*Ägyptisch: Ba Ra Sekhem, und wir sind, die wir sind.*
*Ba Ra Sekhem.*
*Und wir spüren die Liebe Gottes und unserer Seele, sie heilt, und die Seele, die sich vielleicht einst aufgeteilt hatte, sie verschmilzt wieder zur Einheit, die sie in Wahrheit ist, und wir sind Licht. Ba Ra Sekhem.*
*Ba Ra Sekhem.*
*Und ich bin, der ich bin. Ba Ra Sekhem. Und Gott lenkt.*

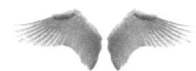

Notizen

Montag 19. Mai

Dienstag 20. Mai

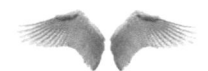

Mittwoch 21. Mai

Donnerstag 22. Mai

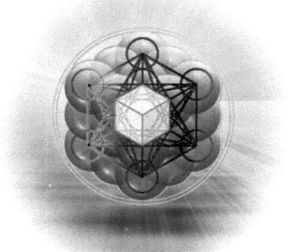

Unsere Gefühle möchten geheilt werden, und wir bitten Gott und die Engel darum. Bitten wir zum Beispiel, falls wir aus der Kindheit emotional belastende Gefühle unserer Ahnen und deren Umgang mit Gefühlen übernommen haben, dass dies durch den Erzengel Gabriel, Mutter Maria, Jesus Sananda und Lady Nada und Merlin und St. Germain geheilt wird.

Bitten wir, dass all der Umgang mit Gefühlen, sie oder „gut" oder weniger „trainiert" nun geheilt werde in der Ahnenlinie, in der Ahnengeneration, in der das Thema entstanden ist. Eventuell benötigen wir auch eine Energieversöhnung mit unseren Ahnen, die an dem Thema beteiligt sind.

Bitten wir, dass sie bereits erledigt sind und entschieden zum Licht (und sprechen auch die Langfassung; siehe S. 12 und 16).

Wir bitten dass diese Muster, die unserem Licht nicht diene nun aus unserem Kopf „gezogen werden, geheilt und transformiert durch die Engel, Erzengel und Meister und wir bitten, dass auch aller womöglich erlebter (emotionaler) Missbrauch aus unserem Sein und dem Emotionalkörper entfernt wird und aus unserem Sprachzentrum, sowie den Mandelkernen und weiteren Gehirnarealen, die an der Gefühlsverarbeitung beteiligt sind.

Wir danken Gott von Herzen, und wir sind, die wir sind. Ba Ra Sekhem, um dies ägyptisch zu betonen. Ba Ra Sekhem.

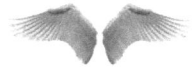

Notizen

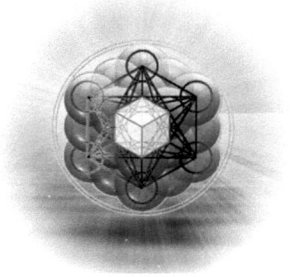

Freitag 23. Mai

Samstag 24. Mai

Sonntag 25. Mai

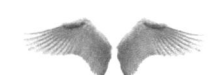

Montag 26. Mai

Dienstag 27. Mai

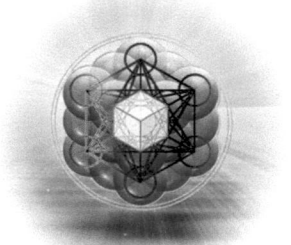

*Wir sind Licht, wir sind Liebe, wir sind Gott selber, und wir sind Licht. Ba Ra Sekhem, um dies ägyptisch zu betonen.*

*Und wenn wir ganz dem Licht dienen, werden wir noch stärker mit der Liebe Gottes verbunden sein, denn dies ist ein liebevolles Universum, durch das wir die Liebe in allen Bereichen in uns erleben können. Sprechen wir in Liebe: Gott, bitte lass mich die Liebe der Seele spüren, lass mich Licht und Liebe sein, und die Erde ist Licht, und Mutter Erde reicht uns die Hand und öffnet sich für uns.*

*Und wir spüren die Liebe Gottes und Mutter Erdes, und wir sind Licht. Ba Ra Sekhem.*

*Und die Liebe transzendiert die Dualität. Wir entscheiden uns für das Licht, und wir werden liebevoll, denn wir sind Licht. Und wir spüren die Liebe Gottes. Und die Kongruenz Gottes ist es, Liebe zu sein. Vergleichen wir einmal uns mit der göttlichen Liebe. Wie nahe kommen wir ihr?*

*Zu wieviel Prozent haben wir sie (anteilig) integriert?*

*Lassen wir es uns von unsere Seele zeigen.*

*Bitten wir Gott um Hilfe sie vollständig zu sein, sie zu leben und zu fühlen, und wahre Erleuchtung sei, und wir sind Licht. Ba Ra Sekhem. Bitten wir, dass diese auch dauerhaft wirkt, denn oben wie unten und innen wie außen, und ich bin, der ich bin, dies dürfen wir sagen. Ba Ra Sekhem, um dies ägyptisch zu betonen. Ba Ra Sekhem.*

*Und wir manifestieren aus dem höchsten Bewusstsein in Liebe, jetzt, dass wir Licht und Liebe sind. Und Gott selber. Ba Ra Sekhem.*

Notizen

Mittwoch 28. Mai

Donnerstag 29. Mai     Christi Himmelfahrt

Freitag 30. Mai

Samstag 31. Mai

Sonntag 01. Mai

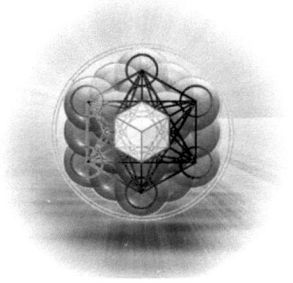

*Gott heilt, und heilt, und Ihr seid Licht.*
*Ihr lebt im Licht der Einheit, die Anteile in Euch heilen. Die*
*Engel und Erzengel reichen Euch die Hand, Ihr seid Licht.*
*Seid, und die Engel helfen.*
*Spürt Eure Lernthemen, und Eure Krone heilt.*
*Löst sie mit Hilfe der Engel, und Ihr seid Licht.*
*Bittet sie, zum Beispiel Erzengel Metatron.*
*Und Ihr wisset, dass Ihr immer Licht seid.*
*Ihr könnt sprechen:*

*Bitte, geliebter Erzengel Metatron, heile meine Krone und*
*meine Chakren. Ich bin Licht und liebe Dich.*
*Gott liebt Euch unendlich, spürt seine oder ihre Liebe, und*
*Ihr heilt.*

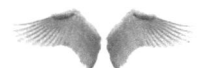

Notizen

Montag 02. Juni

Dienstag 03. Juni

*Ba Ra Sekhem, und die Erde heilt. Sie ist Licht, und wir sind dies.*
*Wir sind dieser Planet und mehr, wir sind Gott selber, und wir heilen die Erde.*
*Lassen wir durch Gott und die Engel in den Planeten Heilenergien fließen, wo dies nun erlaubt ist.*

*Mutter Erde, bitte unterstütze den Prozess, ich verbinde mich mit Dir, und ich bin Licht.*

*Lauschen wir auf die Stimme Gottes und heilen im Licht der Einheit, und wir sind dies, Licht und Liebe.*

*Und Mutter Erde heilt, stets ein Stück aufs Neue, und wir sind Licht, Ba Ra Sekhem, um dies ägyptisch zu betonen.*

*Und Gott erleuchtet uns, wenn wir ihn liebevoll bitten, zum Beispiel durch folgende Affirmation: Lass mich, Gott, Deine Liebe spüren bitte erleuchte mein Gehirn, ich bin, der ich bin. Ich bin Liebe, Wille und Weisheit, und ich bin Gott selber, und ich bin Licht. Ba Ra Sekhem.*

*Und die Liebe Gottes heilt unser Gehirn, und wir integrieren unsere hellsichtigen und -fühligen Anteile in uns, die wir noch nicht integrierten. Ba Ra Sekhem. Ba Ra Sekhem.*

*Jesus Sananda ist unendliche Liebe & Gnade. Er ist ein aufge-
stiegener Meister, der uns die Liebe lehrt.*
*Spürt die Liebe Gottes, und Jesus heilt unser Herz. Und Lady
Nada ebenso. Sie hielt unser Sein, und wir bitten sie in tiefer
Liebe und Demut, dass sie uns im Aufstieg begleitet, und wir
sind Licht. Ba Ra Sekhem, und wir sind Leben, und wir spüren Lady Nada und Jesus Sananda, sie heilen uns im Licht
der Einheit, das wir in Wahrheit sind. Ba Ra Sekhem, um dies
erneut zu betonen, und wir sind Licht.*

*Spürt die Liebe Jesus, und sein Herz öffnet sich für unser Sein.
Spürt die Liebe, die er ist. Und Ihr seid Licht.*
*Er fühlt den Schmerz, den wir, häufig aus der Kindheit in uns
tragen. Und wir können ihm und Lady Nada das Herz in
die Hand geben. Und wir heilen. Lasst dies zu. Und wir sind
Licht.*
*Und tiefe Liebe und Demut wirken in Euch. Ihr seid, die Ihr
seid. Und die Distanz zwischen Mensch und Jesus ist häufig
im Herzen. Und dennoch bitten wir in Licht und Liebe zu
sein und zu leben, und wir sind heil. Denn Gott ist, und so
sind wir Licht und spüren Jesus, der uns begleitet.*

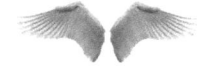

Notizen

Mittwoch 04. Juni

Donnerstag 05. Juni

Freitag 06. Juni

Samstag 07. Juni

Sonntag 08. Juni    Pfingsten

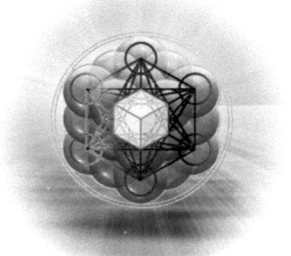

*Bitten wir, dass wir das Steuer in unserem Leben an Gott geben, und wir bitten, dass alle damit verbundenen negativen Glaubenssätze gelöst werden.*

*Bitten wir, dass Gott lenkt, und wir sind Licht, wir sind Liebe, wir sind Gott selber, und wir manifestieren aus dem höchsten Bewusstsein, in Liebe, jetzt, dass wir Licht und Liebe sind, und Gott selber.*

*Ba Ra Sekhem, um dies ägyptisch zu betonen.*

*Ba Ra Sekhem, und wir bitten, dass Gott unser Innen heilt von allen Schocks und Traumen, die noch existieren. Und wir spüren die Liebe Gottes, und sie heilt.*

*Ba Ra Sekhem.*

*Und wir bitten, dass die Engel und Erzengel, Mutter Maria, Jesus Christus Sananda und die Meisterinnen und Meister des Lichtes uns begleiten, unsere Schwingung erhöhen und die Erde ist Licht, Ba Ra Sekhem.*

*Und Gott ist, und so sind wir Gott selber, und unsere hohe Seele, unser Höchstes Selbst, und wir sind tiefe Liebe und Demut. Und wir sprechen: Ba Ra Sekhem, und wir sind Licht, und die Erde ist ein alter Planet, und so wir bitten wir, dass sie heilt, wo es nun erlaubt ist. Und wir lassen Licht und Liebe an die Orte fließen durch Gott und die Engel. Und wir bitten, dass wir dies wahrnehmen, und wir sind Licht. Ba Ra Sekhem, um dies erneut zu betonen. Ba Ra Sekhem. Und die Erde ist Licht.*

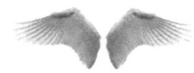

Notizen

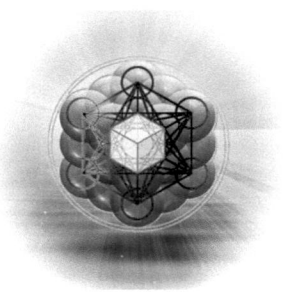

Montag 09. Juni

Dienstag 10. Juni

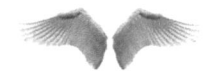

Mittwoch **11.** Juni

Donnerstag **12.** Juni

*Gott, bitte heile mich, lass mich Deine Liebe spüren, und wir sind Licht.*

*Ich bitte Dich, Gott, heile mein Innen, so dass das Außen folgt, und ich bin Gott selber, und ich diene nur Gott und dem Licht, dies dürfen wir sprechen.*
*Und wir sind Licht. Ba Ra Sekhem, um dies erneut zu betonen.*
*Und wir sprechen: Ich bin, der ich bin. Ich bin ohne Trennungen und Trennlinien, sie weihen in mir, und ich bin Licht.*
*Oben wie unten und innen wie außen, und ich bin, der ich bin.*
*Und ich gehe in die höchsten Reiche, aus denen ich stamme, und ich inkarniere mit allen Anteilen erneut, die in die Einheit gehen, damit sie heilen, und ich bin Licht und Ba Ra Sekhem.*

*Und wir spüren dies. Ba Ra Sekhem.*

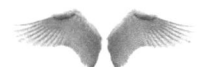

Notizen

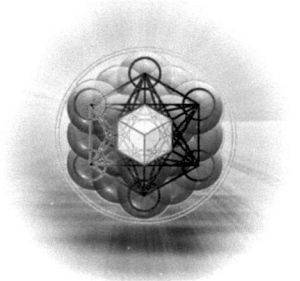

Freitag 13. Juni

Samstag 14. Juni

Sonntag 15. Juni

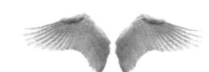

Montag **16.** Juni

Dienstag **17.** Juni

Gott ist, und wir sind, die wir sind. Gott heilt unsere Anteile erneut, und wir öffnen uns dem Licht, das wir in Wahrheit sind, und wir sind Licht. Ba Ra Sekhem.
Und wir sind Leben, Ankh, und die ägyptische Hieroglyphe leuchtet.

Und Thoth reicht uns die Hand. Der ägyptische Gott der Weisheit heilt unser 3. Auge und wir sind Licht, und wir spüren die Gnade, die darin liegt, und wir sind Licht. Und wir dienen ausschließlich Gott und dem Licht.

Spüren wir die Liebe Gottes und die Macht Gottes in uns, und wir sind Leben, und wir dienen dem Licht, indem wir alle Verträge lösen auf der Seelenebene, die wir jemals erzeugt haben. Und alle Energieversöhnungen [siehe S. 12 und 16] sind schon erledigt und entschieden zum Licht, und wir sind Leben. Ba Ra Sekhem. Spüren wir dies?
Dann danken wir Gott und der Seele, und wir sind dies. Ba Ra Sekhem erneut.

Notizen

Mittwoch **18.** Juni

Donnerstag **19.** Juni    Fronleichnam

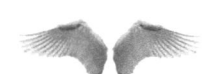

Freitag 20. Juni

Samstag 21. Juni     Sommeranfang

Sonntag 22. Juni

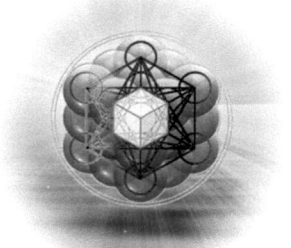

*Wir bitten, dass die Ahnenlinie heilt, in allen Generationen, und wir sind Licht. Und wir sind, die wir sind.*

*Ba Ra Sekhem, und wir sind Licht, und die Ahnen treten nun vor, mit denen noch Energieversöhnungen notwendig sind. Bitten wir, dass diese bereits erledigt sind und entschieden zum Licht, und wir sind Licht. Ba Ra Sekhem. (Langfassung siehe S. 12 & 16).*

*Bitten wir, dass durch die Erzengel Heilung in die Ahnenlinie fließt, dass alle vermissten Seelen zurückkehren an ihren Ursprung, dass alles in das Licht geht, was dort an Magien noch existiert hat. Bitten wir, dass auch alle Themen wie Hunger, Not, Ausbeutung, Täterschaften, Missbrauch und zum Beispiel Familiengeheimnisse, die aus Täterleben stammen können, nun geheilt und geklärt werden in der Ahnenlinie. Bitten wir, dass alle Seelen, die in unsere Ahnenlinie eine Täterrolle hatten nun in ein liebevolles Gewand des Lichtes gehüllt werden, und ihnen ihre reine Fassung zurückgegeben wird, so als hätten sie stets die Liebe Gottes ausgesendet und in sich getragen.*

*Bitten wir, dass auch die Eltern und Großeltern Generation nun durch die Erzengel Heilung erfährt und Klärung, und dass nun die geheilten Ahnen hinter dem Rücken Kraft und Liebe geben, so wir mit ihnen versöhnt sind.*

*Und wir sind Licht, und wir sind Leben. Ankh, und wir sind, die wir sind. Ba Ra Sekhem, um dies erneut zu betonen. Ba Ra Sekhem.*

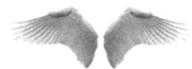

Notizen

Montag **23.** Juni

Dienstag **24.** Juni

Mittwoch **25.** Juni

Donnerstag **26.** Juni

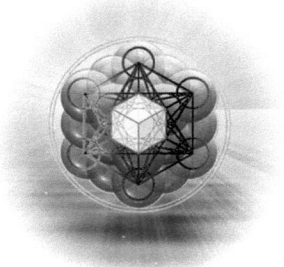

*Echte Zellverjüngung fließt ein, und wir danken Gott dafür. Wir stellen uns in das Licht der Einheit und bitten Gott und die Engel uns mit universellem Chi aufzufüllen, unseren Wohnraum, unser Feld, so dies erlaubt ist, und wir lösen alle Chakren in uns, damit dies besser gelingt.*
*Ba Ra Sekhem, und wir sind Licht.*

*Wir bitten Gott erneut um Zellverjüngung, und stellen uns in diese Energie Gottes, indem wir uns mit Gott verbinden, der wir in Wahrheit sind. Es gibt keinen Raum und keine Zeit, und wir ziehen unseren Körper in das so genannte Heileruniversum, mit dem ich Euch verbinde, und ich bin, der ich bin.*
*Ba Ra Sekhem.*
*Nehmt Eure reine, heile Gestalt zu Euch, und Eure Körper verjüngen sich erneut. Ba Ra Sekhem, und alle Schwüre, Eide, Pakte und Flüche weichen, die dies noch verhindert hatten. Und ich bin, der ich bin.*

*Ba Ra Sekhem. Sprecht häufiger diese Affirmation.*

Notizen

Freitag 27. Juni

Samstag 28. Juni

Sonntag 29. Juni

Montag **30.** Juni

Dienstag **01.** Juli

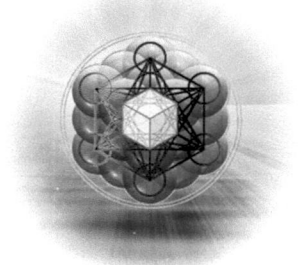

*Gesundheit ist stets in uns.*
*Sie ist ein Zustand des Eins-Seins und durch uns selbst zu erhalten.*
*Gott, ich bitte Dich, stelle die göttliche Gesundheit in mir wieder her.*
*Denn ich bin, der ich bin.*
*Ich bitte Dich, erlaube mir zu erkennen, wo in meinem Leben ich die Ursachen erzeugte.*
*Ich bin, der ich bin.*
*Ich bitte Dich, mich zu heilen mit Licht.*
*Und ich läutere mich mit Licht.*
*Ich bin, der ich bin.*
*Und ich bin Leben.*
*Und die Krankheit ist eine Illusion.*
*Und die Trennung geht.*
*Ich lasse alle Dunkelheit los, ich lasse alle Krankheiten los, ich bin, der ich bin.*
*Ich bitte auch Erzengel Raphael zu Hilfe, und ich bin Licht.*
*Ba Ra Sekhem.*
*Und ich bin, der ich bin.*

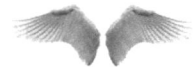

Notizen

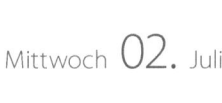 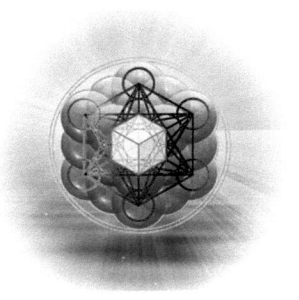

Mittwoch 02. Juli

Donnerstag 03. Juli

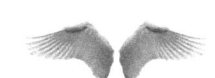

Freitag 04. Juli

Samstag 05. Juli

Sonntag 06. Juli

*Ich bin, der ich bin.*
*Ich bitte um inneren Einklang.*
*Ich bin der Klang der Stille.*
*Und ich erlaube mir selbst, das innere Kind zu heilen.*
*Ba Ra Sekhem.*
*Wo seid Ihr noch nicht geheilt?*
*Und ihr erlaubt Euch die Erkenntnis.*
*Und ihr seid Licht.*
*Und ihr seid Liebe, und Ihr bittet in Liebe Eure inneren Kinder*
*zu Euch, und die Heilung geschieht, denn Ihr seid, die Ihr seid –*
*seid, und Ihr seid Licht.*
*Und Thoth wirkt, und die inneren Anteile heilen.*
*So sei es.*
*So ist es.*
*Und ich bin Ba Ra Sekhem.*
*Und ich bin Licht.*

Notizen

Montag 07. Juli

Dienstag 08. Juli

Mittwoch 09. Juli

Donnerstag 10. Juli

*Die Liebe ist die höchste Schwingung im All der Dualitäten,*
*und Gott ist reine Liebe, reines Bewusstsein, eine unendliche,*
*gnadenvolle Einheit, in der Ihr alles erlebt.*
*Alles ist in Gott, und die tiefen Trennungen gehen, und in At-*
*lantis hattet Ihr höchstes Wissen zu erleben.*
*Und so sprechet:*
*Ba Ra Sekhem.*
*Und ich erlaube Atlantis erneut.*
*Seid, und Ihr seid Licht=Liebe.*
*Spürt die Liebe, die Ihr seid, und die Gott ist, denn Gott ist.*
*Ba Ra Sekhem.*
*Und Ihr seid Licht.*
*Die Erde ist ein lebendiges Gebilde.*
*Ba Ra Sekhem.*

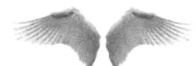

Notizen

Freitag **11.** Juli

Samstag **12.** Juli

Sonntag **13.** Juli

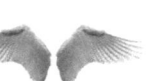

Montag **14.** Juli

Dienstag **15.** Juli

*Heiliges Wissen fließt ein.*
*Und ich bin Ba Ra Sekhem.*
*Und ich erlaube Atlantis erneut.*
*Und Ihr seid Licht.*
*Und ich bin, der ich bin.*
*Seid, und Ihr seid Licht.*
*Und die heiligen Hallen von Amenti öffnen sich, und Euer*
*Wissen kehrt zu Euch zurück.*
*Ich lösche alle Trennlinien, und ich bin Leben.*
*Ba Ra Sekhem. Dies dürft Ihr sprechen, und spürt die Hallen*
*von Amun, die sind Licht, und empfanget Euer altes Wissen*
*und Heilergewand des Lichtes erneut, so Ihr es noch nicht*
*integriert hattet. Ba Ra Sekhem, um diesen Prozess zu*
*unterstützen.*
*Ba Ra Sekhem, und ich bin Licht. Dies dürft Ihr sprechen.*

Notizen

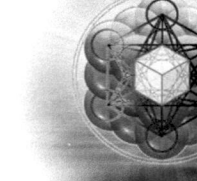

Mittwoch 16. Juli

Donnerstag 17. Juli

Freitag 18. Juli

Samstag 19. Juli

Sonntag 20. Juli

*Ba Ra Sekhem, und Eure DNA werde heil.*
*Ba Ra Sekhem.*
*Und die Mitochondrien DNA heile ebenso.*
*Und Ihr seid Licht.*
*Und ich löse das Blei in Euch, Ba Ra Sekhem.*
*Und ich bin, der ich bin.*
*Spürt hinein, und ich bitte um Aktivierung Eurer lichtvollen DNA.*
*Ba Ra Sekhem.*
*Das Zellleuchten setzt ein.*
*Ich bin, der ich bin.*
*Ba Ra Sekhem.*
*Spürt hinein und Ihr seid Licht=Liebe.*
*Heilet im Licht der Einheit.*
*Ba Ra Sekhem.*

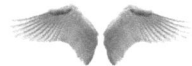

Notizen

30. KW    21.- 27. Juli 2025

Montag 21. Juli

Dienstag 22. Juli

Mittwoch 23. Juli

Donnerstag 24. Juli

*Die oberste „Ebene" des göttlichen Lebens ist in dieser Inkarnation zu erleben.*
*Darum dürft Ihr bitten:*
*Ich bin, der ich bin. Ich erlaube mir selbst, göttliches Leben zu sein, denn dies heißt, Gott selbst zu sein. Handeln, Denken, Fühlen wie Gott, bedeutet, sich selbst in aller Liebe und aller Weisheit und Freude das Leben zu schöpfen. Ba Ra Sekhem.*

*Was Euch bindet ist zumeist das alte Band mit Seelen, die Euch Lernthemen präsentieren. Löst sie, indem Ihr Euch nicht mehr an die Verabredung mit der dunklen Saat haltet. Ihr könnt sprechen:*

*Ich löse mich aus allen Verabredungen mit der dunklen Seite.*
*Ba Ra Sekhem. Ihr seid, die Ihr seid. Ihr seid ewig Gott selber.*
*Ihr erlöst das alte Blei durch Energieversöhnungen. Und sie sind bereits erledigt. Ba Ra Sekhem. Und Ihr spürt die Liebe Gottes.*
*Ba Ra Sekhem erneut.*

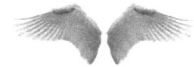

Notizen

Freitag 25. Juli

Samstag 26. Juli

Sonntag 27. Juli

Montag 28. Juli

Dienstag 29. Juli

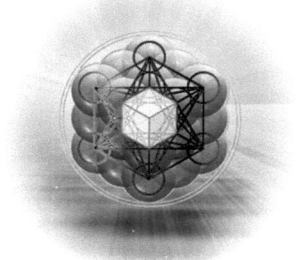

*Von fernen Planeten kommen wir, und dieser Planet dient dem Leben.*
*Er ist, wie wir Licht, denn Licht ist, und Ihr seid Licht.*
*Ba Ra Sekhem.*
*Wenn Ihr in Euch hineinspürt, dürft Ihr die kosmischen Gesetze in Euch selbst wahrnehmen. Wo sendet Ihr Licht in Euer Sein, und wo seid Ihr (noch) Schatten?*

*Hebt Euer Schattenprinzip und bittet Gott um Hilfe, und auch Thoth hilft.*

*Licht ist die Substanz des All-Einen, und Ihr seid Licht. Heilt Eure Schatten und Ihr seid Licht. Lasst Gott Euch heilen, und Ihr seid, die Ihr seid. Ba Ra Sekhem.*

*Und wir lösen die Machtmissbräuche auch auf fernen Planeten, auf denen wir leben. Ba Ra Sekhem.*
*Und wir sind Licht.*
*Ba Ra Sekhem.*

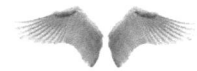

Notizen

Mittwoch **30.** Juli

Donnerstag **31.** Juli

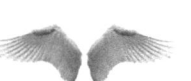

Freitag 01. August

Samstag 02. August

Sonntag 03. August

*Auch auf anderen Planeten habt Ihr einst oder aktuell unter
Umständen Macht missbraucht.
Löst auch dies, indem Ihr Gott bittet, Euch das Karma auf
anderen Planeten zu erlassen oder zu erleichtern.
Ba Ra Sekhem.*

*Gott, ich bitte Dich, erlasse mir das Karma auch auf anderen
Planeten, und ich bin, der ich bin. Ba Ra Sekhem. Und ich
danke Gott von Herzen. Und alle Energieversöhnungen sind
erledigt und entschieden zum Licht, und dies ist bereits
geschehen. Ba Ra Sekhem.*

*Lauscht auf die Stimme Gottes, und Ihr seid Licht.
Was sagt Sie Euch?*

*Gott wirkt und heilt Euch, und Ihr seid Licht.
Ba Ra Sekhem. Und Ihr seid Leben.*

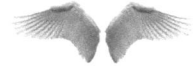

Notizen

Montag 04. August

Dienstag 05. August

Mittwoch 06. August

Donnerstag 07. August

Ihr seid Leben, und Licht, und Ihr seid, die Ihr seid. Gott lenkt, und Gott heilt Euer Innen. Spürt die Liebe Gottes, und sie heilt. Ba Ra Sekhem, um dies ägyptisch zu betonen. Alles ist Licht, und in Wahrheit gibt es keine Trennungen, und Ihr entzieht Ihnen Ihre Macht, zum Beispiel durch folgende Bitte:

Ich löse alle Trennungen und Trennlinien in mir, und ich bin Licht.

Ich diene nur Gott und dem Licht, und ich löse alle Schwere, alle frühkindlichen Bindungsstörungen in mir, ich bin, der ich bin, und ich bin Leben. Ba Ra Sekhem erneut.

Und ich erlaube mir dies zu sein. Ich bin Licht, und die Liebe Gottes heilt. Und ich bin reiner Kanal, dies dürft Ihr sagen.

Ba Ra Sekhem.

Notizen

Freitag  08. August

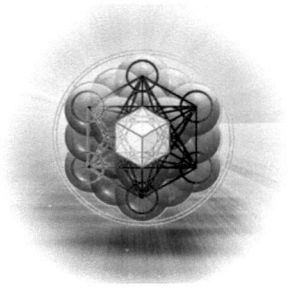

Samstag 09. August

Sonntag 10. August

Montag **11.** August

Dienstag **12.** August

*Ich bin, der ich bin. Dies dürft Ihr sagen, und ich bin Licht und Leben. Ich bin Leben, und die Erde ist Licht.*

*Und wenn wir aufsteigen, spüren wir dies sehr deutlich. Alles ist in Gott, und alles ist Gott, und so sind aufgefordert, uns nach den kosmischen Gesetzen zu verhalten. Sollten wir dies einmal nicht tun oder „vergessen", sprechen wir in Liebe und Demut:*

*Gott, bitte löse alle negativ geschöpften Realitäten in mir (die meist auf falschen oder schwächeren Glaubenssätzen oder falschen Wahrnehmungen beruhen), und ich löse ebenso alle frühkindlichen Bindungsschwächen in mir, und ich bin Licht.*

*Gott, bitte löse alle falsch geschöpften Realitäten, die ich jemals schuf, und ich bin, der ich bin.*

*Ba Ra Sekhem, und ich bin Licht. Und ich lasse die Dunkelheit los.*

Notizen

Mittwoch 13. August

Donnerstag 14. August

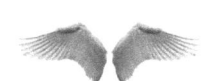

Freitag 15. August

Samstag 16. August

Sonntag 17. August

*Das universelle Chi, es fließt ein, und wir lassen es zu.*
*Wir spüren die Liebe Gottes, und wir verbinden uns mit diesem*
*Chi, damit es in jede Körperzelle fließt, und es strömt, es fließt.*
*Es heilt unser Innen. Und wir spüren dies. Gott und die Engel*
*wirken, und wir aktivieren auch die Merkaba. Sie trägt uns die*
*höchsten Reiche, und wir sind Licht.*

*Und ich bin Licht, dies dürft Ihr sagen. Und ich bin, der ich bin.*
*Gott, bitte erlaube mir, dies Chi nun stets in mir (und, so es*
*erlaubt ist, hier in einem heiligen, heilenden, multidimensio-*
*nalen, galaktischen, omniversalen Raumes, auch für andere)*
*fließen zu lassen.*

*Gott lenkt, und wir danken Gott und den Engeln.*

*Spüren wir dies? Dann lassen wir es erneut fließen an die Stel-*
*len in uns, die Heilung benötigen. Nehmt Euch Zeit dafür und*
*spürt, wie es wirkt. Ba Ra Sekhem.*
*Und ich bin Licht.*

Notizen

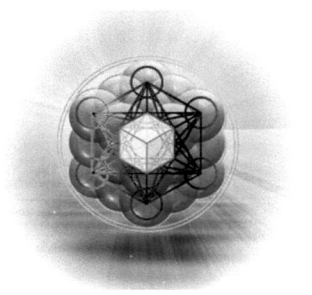

Montag 18. August

Dienstag 19. August

Mittwoch 20. August

Donnerstag 21. August

*Wir sind Licht – und darum sprechen wir:*
*Ich bitte Dich, Gott, offenbare mir das reine Bewusstsein der*
*Einheit in mir. Ich bin Licht. Und ich bin, der ich bin.*
*Lass mich Liebe sein. Offenbare mir, wie ich aus dieser Einheit*
*heraus wirken und manifestieren kann.*
*Bitte erlaube mir dies:*

*Ich verbinde mein höchstes Bewusstsein mit dem „niedrigs-*
*ten", dem materiellen. Oben wie unten, innen wie außen.*
*Und ich bin ohne Trennlinien, wenn ich mir dies erlaube. Und*
*ich bin, der ich bin.*
*Ich bin auf allen Instanzen und Dimensionen anwesend,*
*und ich manifestiere, dass ich von nun an aus diesem Be-*
*wusstsein wirken kann.*
*Bitte erlaube mir, meine Kraft nun einzusetzen um eine*
*Manifestation aus dem hohen Liebesbewusstsein zu tätigen,*
*das ich bin.*

*Ich manifestiere, dass ich nunmehr die Seelenverschmel-*
*zung vornehme und durch diese Verbindung des Höchsten*
*mit dem Niedrigsten meine Manifestationsenergie auf allen*
*Instanzen und Dimensionen entfalte. Ba Ra Sekhem, um dies*
*ägyptisch zu betonen.*
*So ist es.*

Notizen

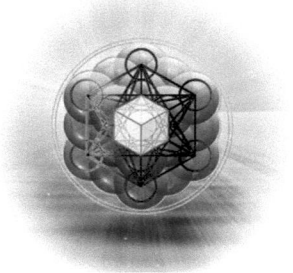

Freitag 22. August

Samstag 23. August

Sonntag 24. August

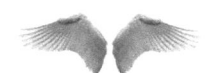

Montag 25. August

Dienstag 26. August

*Spürt die Liebe Gottes, und die Anteile in Euch sind heil.*
*Wir sind Licht. Und wir sind, die wir sind.*
*Und alle „frühkindlichen Bindungsstörungen" sind Illusionen.*
*Sprecht dies drei mal oder mehrfach:*
*Alle „frühkindlichen Bindungsstörungen" sind Illusionen.*
*Ba Ra Sekhem.*
*Und wir sind Licht.*
*Ba Ra Sekhem. Und Gott heilt.*
*Er oder sie ist weder männlich noch weiblich. Und wir heilen in Licht der Einheit.*
*Ba Ra Sekhem.*

Notizen

Mittwoch 27. August

Donnerstag 28. August

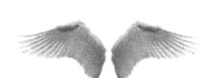

Freitag 29. August

Samstag 30. August

Sonntag 31. August

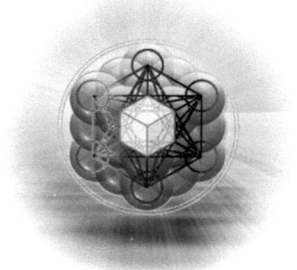

Wir sind Licht und Leben, und Gott heilt uns. Wir sind Leben. Und wir spüren die Liebe
Gottes. Und Gott heilt. Alles ist Licht, und die Erde heilt.
Wir sind, die wir sind.
Und wir sind Leben, ägyptisch: Ba Ra Sekhem.
Und Gott ist. Und wir sind Gott selber. Und wir spüren dies.
Lassen wir Gott in uns wirken und alle Anteile heilen, die noch in der Trennung sind.
Wir können erneut eine Energieversöhnung (auch mit Gott und den Engeln und MeisterInnen sprechen; siehe S. 12 & 16). Und wir sind Gott selber, und die Energieversöhnungen sind bereits erledigt und entschieden zum Licht (auch die mit Gott und den Engeln).
Wir bitten nun, dass alle Besetzungen, erdgebundenen Seelen (Seelen von Verstorbenen) unser Feld verlassen und durch die Engel, die zuständig sind, durch die Erzengel und die MeisterInnen ins Licht gezogen werden, und wir sind Licht.
Wir sind Ankh, und die ägyptische Hieroglyphe leuchtet.
Und wir sind Licht.
Ba Ra Sekhem.

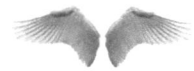

Notizen

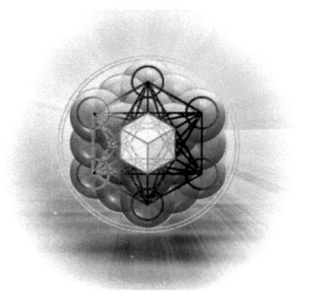

36. KW    01.- 07. September 2025

Montag 01. September

Dienstag 02. September

Mittwoch 03. September

Donnerstag 04. September

*Seid, und Ihr seid Licht.*
*Ägyptisch: Ba Ra Sekhem. Und alle Anteile heilen erneut, und*
*die heilige Barke leuchtet, und Ihr seid, die Ihr seid.*
*Ba Ra Sekhem.*
*Und Gott reicht Euch die Hand, und Ihr seid, die Ihr seid.*
*Merlin, Metatron, Kuthumi sind hier, um Euch zu helfen,*
*wenn Ihr dies wünscht. So sprechet weise:*
*Ich bin Licht, Liebe, ich bin Wille und Weisheit und ich diene*
*nur Gott und dem Licht.*
*Ba Ra Sekhem, um dies zu betonen.*
*Und Ihr seid, die Ihr seid.*

*Gott lenkt, und wenn wir uns ganz den Licht öffnen, können*
*wahre Wunder des Eins-Seins geschehen. Und wir sind Licht.*
*Und wir sind, die wir sind.*

*Und wir öffnen uns ganz Gott und dem Licht, und wir sind*
*Licht. Und die Kraft der Isis und des heiligen Grals wirken, und*
*die Einheit ist in uns. Spüren wir sie, und wir spüren auch die*
*Kraft der Isis und des heiligen Grals, die wirken, um alle Felder*
*von Magien zu klären und auch Zellverjüngung fließt ein in*
*uns. Und wir sind Licht. Ba Ra Sekhem. Und die Erde ist Licht.*
*Ba Ra Sekhem. Spüren wir die Liebe Gottes, und sie heilt. Und*
*wir sind Licht. Ba Ra Sekhem.*

Notizen

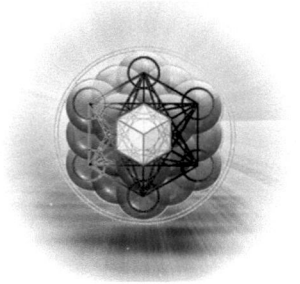

Freitag **05.** September

Samstag **06.** September

Sonntag **07.** September

Montag 08. September

Dienstag 09. September

*Aus Liebe und Frieden wirken wir, so wir es uns erlauben, und wir lassen uns ganz fallen in die Arme Gottes. Alles ist Licht und dient dem Ziel des Erlebens der Seele und Gottes in uns. Und wir sind Licht. Und Licht ist die Substanz des All-Einen, und wir sind dies selbst. Lassen wir alle Ego-Anteile in uns nach vorne auf die Bühne des Lebens treten, und bitten wir sie zu sagen, was sie brauchen, um zu heilen, sich in Liebe zu wandeln.*

*Überwindung der Dualität ist das Ziel des Menschen, wenn er rein ist und denkt, und die Dunkelheit, die Dualität, und unser Verstand und unser „Ego" mit allen verletzten Gefühlen ist eine reine Illusion, die am Schmerz festhielt. Legen wir unser Ego in die Hände Gottes, auf das er oder sie es löst und heilt. Wird es nun angenehmer in uns? Verspüren wir mehr Liebe und Frieden in uns? Lassen wir diese Liebe wirken. Ba Ra Sekhem, um dies ägyptisch zu betonen. Und wir sind Licht. Ba Ra Sekhem.*

*So seid Licht, und Ihr seid Liebe.*

*Und ich löse mich aus allen Dualitäten, dies dürft Ihr sagen. Ba Ra Sekhem. Und Ihr seid Licht.*

*Ba Ra Sekhem, um dies ägyptisch erneut zu betonen.*

*Lasst dies wirken und auch Metatron wirkt.*

*Ba Ra Sekhem.*

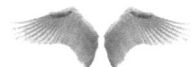

Notizen

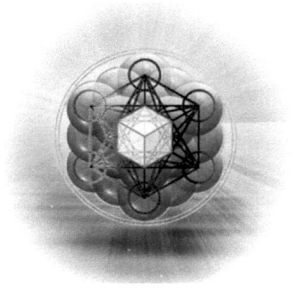

Mittwoch 10. September

Donnerstag 11. September

Freitag 12. September

Samstag 13. September

Sonntag 14. September

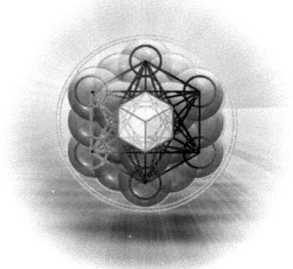

*Wir sind Licht, und wir heilen im Licht der Einheit, die wir in Wahrheit nie verließen. So öffnen wir die Tore zum Himmel in uns, damit wir aufsteigen, und Gott reicht uns die Hand, wir sind Licht.*

*Ba Ra Sekhem. Und die Anteile in uns heilen, und wir steigen „in den Himmel". Dies sind die Dimensionen der höchsten Reiche in uns selbst, die Gott einst schuf, damit wir die Erlebnisse der Dualität überhaupt erzeugen konnten. So lebt sich das Höchste Selbst in uns und den „Armen", den Seelen, und wir ziehen uns zur Einheit zurück, die wir nie verließen, und so sind wir, die wir sind. Gott lenkt und wir fallen in die Arme Gottes, der uns unendlich liebt. So sind wir Licht und aus Licht geboren. Wir sind Licht.*

*Ba Ra Sekhem, und wir heilen im Licht der Einheit. Ba Ra Sekhem.*

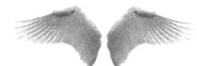

Notizen

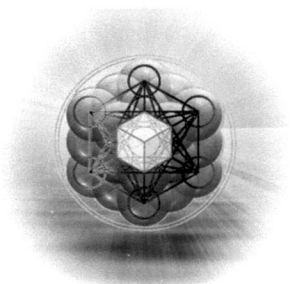

Montag **15.** September

Dienstag **16.** September

Mittwoch 17. September

Donnerstag 18. September

*Dankbarkeit ist ein wunderbare Energie.*
*Sie erzeugt Liebe (zum Sein). Und so danken wir den Engeln und Erzengeln und Gott selber. Wir sind Licht. So danken wir erneut, und wir sind Licht.*
*Gott heilt, und wir sind Leben.*
*Und wir dienen nur Gott und dem Licht, so dies unser Wille ist. Sprechen wir in tiefer Liebe und Demut: Ich bin der oder die ich bin. Und ich bin Licht. Ba Ra Sekhem, um dies ägyptisch zu betonen. Und ich bin das Ich-Bin-Bewusstsein.*
*Ich bin die Ich-Bin-Präsenz, und ich erlaube mir das Channeln in der Reinheit des göttlichen Bewusstseins, und ich bin Licht.*
*Und ich begnadige mich selbst komplett, so dass ich Licht und Liebe bin, und ich bin dies. Und alle Magien auch aus Vorleben lösen sich (und alle Energieversöhnungen sind bereits erledigt und entschieden zum Licht; der genaue Vorgang ist auf Seite 12 & 16 zu finden).*
*Und wir sind Licht. El Shaddai. Und wir sind dies. Gott selber. Ba Ra Sekhem, und die Erde ist Licht. Und wir heilen sie mit unserer Seele und den Engeln und Erzengeln und Meisterinnen und Meistern. Lassen wir die Heilenergien nun einfließen an Orte, an Menschen, bei denen es nun erlaubt ist. Spüren wir die Liebe Gottes, und sie heilt.*
*Lassen wir diesen Prozess wirken.*
*Ba Ra Sekhem.*

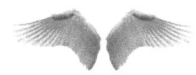

Notizen

Freitag  19. September

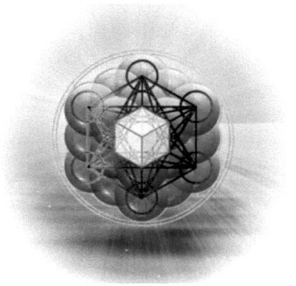

Samstag 20. September

Sonntag 21. September

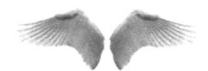

Montag 22. September

Dienstag 23. September

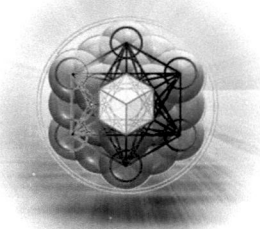

Introjekte sind Glaubenssätze, die positiv „hineingegeben" werden, wie: Du bist gut, großartig, toll, die aber auch negativen Charater haben können, wie: Du bist eine Last, Du bist „dumm", Du genügst mir nicht, etc. Wenn wir die falschen Introjekte lösen möchten, bitten wir beispielsweise Gott, sie an die Verursacher zurückzugeben, sie aus unserem Emotionszentrum zu lösen und zu heilen, und sie zu vernwandeln in die positiven Glaubenssätze, die wir auch durch Gott introjizieren.

Ägyptisch: Ba Ra Sekhem. Und wir danken Gott.

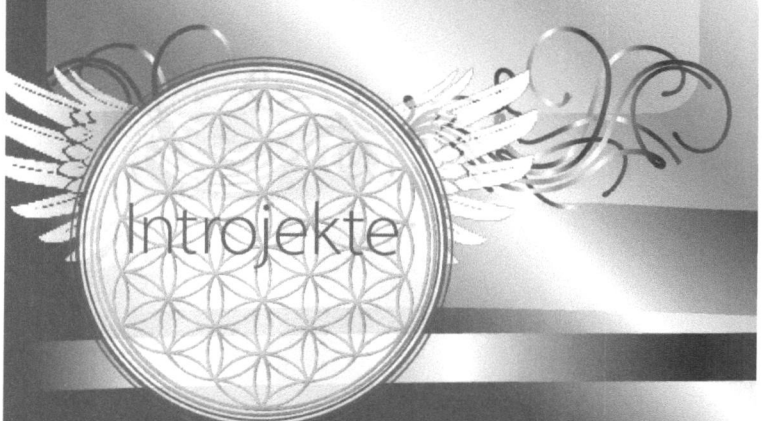

Introjekte

Notizen

Mittwoch 24. September

Donnerstag 25. September

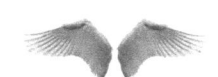

Freitag **26.** September

Samstag **27.** September

Sonntag **28.** September

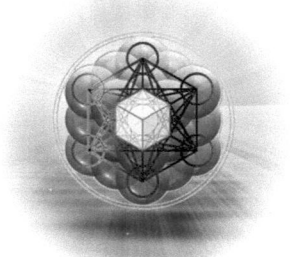

*Gott ist, und wir sind, die wir sind. Wir sind Leben und die Fülle
Gottes, und wir sind Licht. Ba Ra Sekhem, um dies ägyptisch
zu betonen.*

*Und wir bitten Gott, der wir in Wahrheit selbst sind, nun die
Heilung unserer Dualitäten in uns erneut zu ermöglichen.*

*Wir bitten: Gott, bitte heile mein Wunden aus Vorleben in
mir. Bitte heile meinen Ba zur Einheit, damit ich tiefer mit Dir
verbunden bin. Bitte lass mich Deine Liebe sein und diesen
Planeten im Rahmen meiner Möglichkeiten heilen.*

*In Wahrheit sind wir unbegrenzt, und wir spüren die Liebe
Gottes, sie heilt unsere Seele, unseren Ba, wir sind diese Seele
und das Höchste Selbst, wir sind Licht. Und der Ba heilt. Er
trägt zu einem gewissen Teil die Verletzungen aus Sternenleben, aus Vorleben auf diesem Planeten in sich, und auch
Schocks und Traumen, die nun weichen im Licht der Einheit,
und unser Licht strahlt.*

*Ba Ra Sekhem. Ba Ra Sekhem.*

*Und wir blicken in unsere Akasha. Unser Lebensbuch. Hat es
goldene Seiten oder Stellen, die nicht heil sind (vielleicht aus
Vor- oder Sternenleben)?*

*Bitten wir Gott und die Engel und Erzengel unser Lebensbuch
zu heilen, und wir sind Licht.*

*Und alle Energieversöhnungen sind schon erledigt und ent-
schieden zum Licht (Seite 12 & 14).*

*Und die heilige Barke leuchtet und verbindet uns tiefer mit
Gott, der wir in Wahrheit sind. Ba Ra Sekhem.*

Notizen

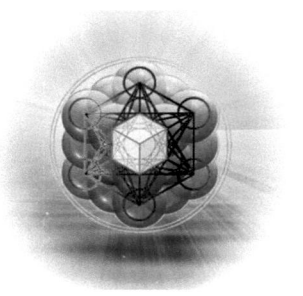

Montag 29. September

Dienstag 30. September

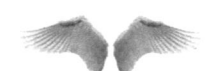

Mittwoch 01. Oktober

Donnerstag 02. Oktober

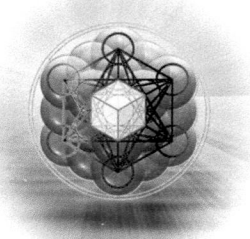

Wiederholungen von frühkindlichen Bindungsproblematiken, Rollenmustern aus der Kindheit, sowie traumatischen Erlebnissen bilden, neben den „guten", genussvollen Wiederholungen, die zentralen Elemente im Rollenspiel der Psyche. Diese Abspeicherungen sind gewissermaßen „neutral" und meist unbewusst; sie reanimieren Szenen, Glaubenssätze, Musterprobleme aus der Kindheit neu mit anderen Akteuren, die meist als solche (auch auf Seelenebene) zur Verfügung stehen. Sie zu lösen, die wie ein Uhrwerk funktionieren, ist z.B. durch wiederholtes Bitten an Gott und die Seele möglich. *Bitte Gott, löse alle unbewussten Wiederholungen und Bindungstörungen in mir. Berühre mich im Herzen, entmustere meine innere Mutter, meinen inneren Vater, so dass ich nicht mehr reanimiere. Danke von Herzen.* Und unser geheiltes Gehirn wird uns gereicht.

Wiederholung(en)

Notizen

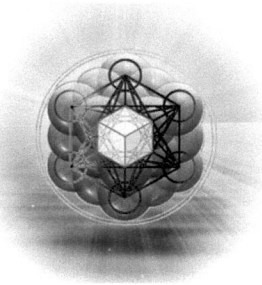

Freitag **03.** Oktober  Tag der Deutschen Einheit

Samstag **04.** Oktober

Sonntag **05.** Oktober

Montag **06.** Oktober

Dienstag **07.** Oktober

*Spüren wir hinein und lassen alle Wut und Traurigkeit los.
Hierzu hilft es, auch unser Gottesbild zu heilen.*

*Gott, bitte löse alle übernommenen Glaubenssätze, die
ich selbst manchmal nicht erkenne. Lass mich Deine Liebe
spüren, und heile mein inneres Kind erneut. Ich bin Licht. Lass
mich alle „Psychosen", „Neurosen" bei mir spüren und wahrnehmen. Lass mich in tiefer Liebe und Demut ausschließlich
dem Licht und Gott, also Dir selber dienen. Ich bin, der ich
bin. Und ich bin Licht.*

*Alle Psychosen sind Illusionen, alle Bindungsstörungen sind
Illusionen, alle Neurosen sind Licht. Die Dunkelheit geht, und
wir sind, die wir sind.
Wir leben Bezogenheit und Liebe, und die Liebe Gottes heilt.
Und wir sind Licht.
Fühlen wir uns frei und geborgen?
Fühlen wir uns geliebt von Gott?
Wir stellen uns einmal Gott als Bild vor.
Wie sieht dies Bild aus?
Was sehen wir?
Ist Gott ein Mann? Oder eine Frau?
Ist sie oder er liebevoll, gütig, oder zornig, streng?
Spüren wir seine/ihre Liebe?*

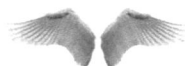

Notizen

Mittwoch **08.** Oktober

Donnerstag **09.** Oktober

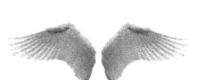

Freitag 10. Oktober

Samstag 11. Oktober

Sonntag 12. Oktober

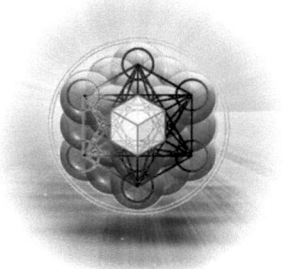

*Spüren wir erneut. Wie heilt es?*
*Durch Gott selber, der wir in Wahrheit sind.*
*Unser Gottesbild heilt.*
*Wir bitten Gott in tiefer Liebe und Demut um Frieden,*
*Glück, und Zufriedenheit, und dann sind wir dies: Liebe*
*und Frieden. Spürt die Liebe Gottes und sie heilt.*
*Dann sind wir rein und heil. Wir sind, die wir sind.*
*Alle Trennungen gehen in uns, alle Traurigkeit, auch die*
*übernommene, weicht, und wir sind Glück und Frieden.*
*Wir könnten auch sagen, dass wir die Elementale (die wie-*
*derkehrenden Gedankenmuster, die „dunkel", abgetrennt,*
*nicht in der Fülle und Angst oder Neurose sind) ablegen.*
*Gott, bitte lösche alle Elementale in mir.*
*Und wir sind Licht.*
*Spürt die Liebe Gottes und sie heilt erneut.*
*Ist unser Gottesbild nun geheilt und in Freude?*
*Spüren wir die Liebe, die wir in Wahrheit sind?*
*Und unsere Elementale weichen.*
*Wir sind Licht.*
*Wir danken den Engeln und Erzengeln und Gott selber,*
*den aufgestiegenen Meisterinnen und Meistern und wir*
*sind Licht.*

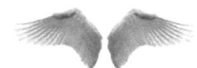

Notizen

Montag 13. Oktober

Dienstag 14. Oktober

Mittwoch **15.** Oktober

Donnerstag **16.** Oktober

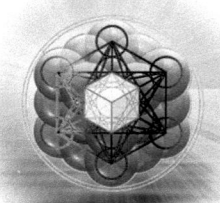

Bitte Gott, heile alle erlebte Ablehung
(für Wesensanteile in mir), bitte heile alle
Ablehnung, ide ich gegenüber Men-
schen, so dies der Fall ist, ihr verhalten,
ihre Ansichten habe, damit ich noch
höher aufsteige, denn ich bin frei, und in
Wahrheit gibt es nur Gott selber.
Sollte ich Abelhnung erlebt haben, so
bitte ich diese energetisch (auch in Form
von Selbstablehnung, Introjetkionen,
Abwehrmechanismen), in mir zu lösen.
Ich liebe mich, denn ich bin Licht, ich bin
Liebe, und ich bin, der oder das ich bin
Bewusstsein. Und ich bin Licht.
Ba Ra Sekhem, und ich bin Licht.
Danke von Herzen.

Ablehnung
heilen

Notizen

Freitag **17.** Oktober

Samstag **18.** Oktober

Sonntag **19.** Oktober

Montag **20.** Oktober

Dienstag **21.** Oktober

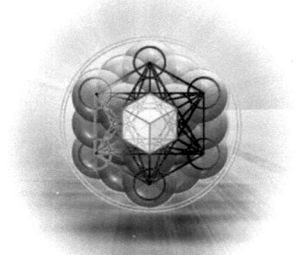

Echte Tiefenpsychologie meint, dass wir die
Schrecken der Kindheit in uns verarbeiten und an die
Urwunde allen Seins gelangen. Sie meint, Mangel und
Gefühle der Abtrennung ertragen zu müssen. Aber sie
ist Licht, wenn dies Gottes Wille ist, und so bitten wir um
Heilung unsere Transzendenz.
Und ich bin Licht, dies dürfen wir sagen.
Und Gott ist unendliche Liebe und Gnade.
Und so sind wir Licht.
Wir spüren die Liebe Gottes, und sie heilt die Urwunde in
der Kindheit bereits.
Und wir spüren dies.
Und die Wunden der Ablehnung, des nicht genug seins,
des Anpassen müssens an die Bedürfnisse der anderen,
dies löst sich im Licht der Einheit, und wir sind Licht.
Ba Ra Sekhem, um dies ägyptisch zu betonen. Und wir
sind Licht. Ba Ra Sekhem.
Und wir können fragen, zu wieviel Prozent wir diese
Wunde(n) in uns bereits gelöst haben. Sind wir zu 100 %
geheilt? Bekommen wir eine Zahl? Bitten wir Gott darum,
und, sollten wir nicht zu 100 % geheilt sein, bitten wir Gott
und die Engel, sowie Mutter Maria und Jesus Sananda,
Lady Nada und Kuan Yin, uns zu heilen und zu befreien
von den Verletzungen unserer Kindheit. Lassen wir die
Wunden durch die Liebe Gottes heilen. Und wir bitten in
tiefer Liebe darum. Ba Ra Sekhem, und wir sind Licht.

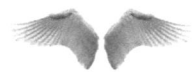

Notizen

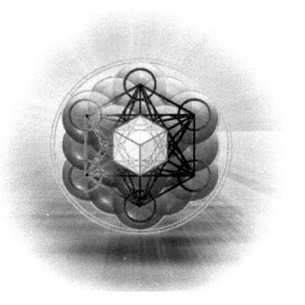

Mittwoch 22. Oktober  Herbstanfang

Donnerstag 23. Oktober

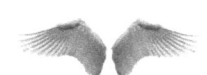

Freitag 24. Oktober

Samstag 25. Oktober

Sonntag 26. Oktober

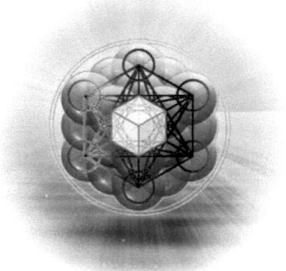

*Bitte Gott, erleuchte mein Gehirn, lass mich Deine Liebe sein. Heile meine Spinalganglien, meine Mandelkerne von allen Schocks und Traumen, emotionalem Ballst, und lass auch den Balken heilen, die Verbindung der Gehirnhälften.*

*Lass die Thymusdrüse wieder wachsen und heilen, sowie die Hirnan-hangdrüse das Lebenshormon ausschütten, damit ich mich noch mehr zellverjünge.*

*Lass die Telomerase wachsen und die Knochen sich verjüngen sowie mein Blut und meine Zellen.*

*Bitte lass mich und meinen Körper ganz aufsteigen und heilen in allen Bereichen, auf allen Ebenen des Seins und in allen Dimensionen.*

*Bitte lösche auch epigenetische Traumen in der Ahnenlinie, z. B. meiner Großeltern in mir, die sich eventuell vererben (z. T. als abgespeicherte emotionale Reaktionen im Umgang mit Stress, mit Sinn im Leben, und weitere Beeinflussungen meines menschlichen Seins). Lass' sie heilen im Licht der Einheit, das ich in Wahrheit bin. Ba Ra Sekhem.*

*Die vollständig geheilte, „erleuchtete" DNA fließt ein durch Gott und die Engel. Manche nennen sie 12-Strang DNA, um die DNA des erleuch-teten Menschen zu skizzieren, der sich selbst und andere heilt in allen Bereichen des Seins.*

*Ba Ra Sekhem, und ich danke Gott erneut.*

*Bitte lasse mich am Aufstieg teilnehmen und steigen. Ba Ra Sekhem erneut, um dies ägyptisch zu betonen.*

Notizen

44. KW     27. Oktober - 02. November 2025

Montag 27. Oktober

Dienstag 28. Oktober

Mittwoch 29. Oktober

Donnerstag 30. Oktober

*Gott heilt, und wir sind Licht.*
*Wir dürfen Gott danken und Gott ist.*
*Gott heilt die Krone am Baum des Lebens, und wir sind Licht.*
*Ba Ra Sekhem.*
*Und wir sind Leben. Ankh, und die ägyptische Hieroglyphe leuchtet.*
*Bitten wir, dass Gott und der Erzengel Metatron wirken und unseren Baum des Lebens heilen und, so noch nicht geschehen, in die Einheit rücken. Und wir lösen das so ge-nannte Chockma, den Verstoß gegen die Weisheit Gottes, und wir sind Licht.*
*Ba Ra Sekhem, und wir sind, die wir sind.*
*Lassen wir alle Trennungen von unserem höchsten Be-wusstsein los, und wir sind Licht.*
*Bitten wir erneut Metatron und den Würfel Metatrons zu wirken, auch in unseren Auren, und wir sind Licht.*
*Und Licht ist die Substanz des All-Einen, der oder die wir in Wahrheit sind, und wir sind El Shaddai. Und wir sind Leben, Ankh, und Ba Ra Sekhem, und wir sind, die wir sind.*

Notizen

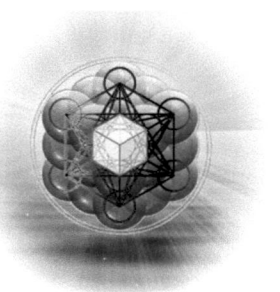

Freitag 31. Oktober    Reformationstag

Samstag 01. November        Allerheiligen

Sonntag 02. November

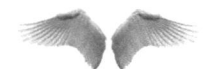

Montag 03. November

Dienstag 04. November

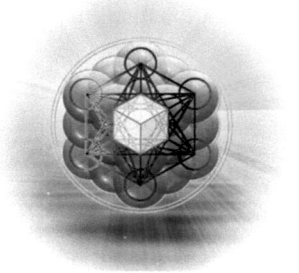

# Aufgestiegene
## Meister

wie Kuthumi, Serapis Bey, Merlin, St. Germain,
Lady Nada, Jesus Sananda, Kuan Yin, helfen
uns, wenn wir sie darum bitten. Und so bitten
wir um die Unterstützung der Meister.
*Meister Kuthumi, bitte heile mein Herz,*
kann eine Bitte lauten. Es wird lichtvoller,
wenn Gottes Wille geschehe.
Diese Karte kann ein wahrer Segen sein.

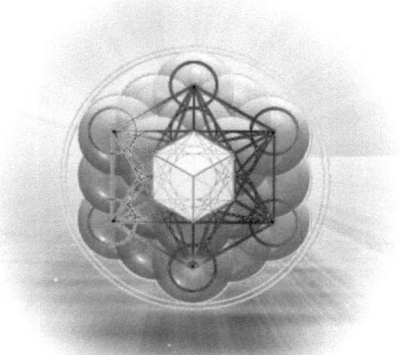

www.christian-huels.de

Notizen

Mittwoch 05. November

Donnerstag 06. November

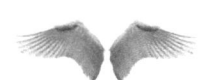

Freitag 07. November

Samstag 08. November

Sonntag 09. November

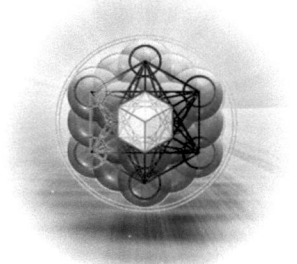

*Bitten wir Gott und die Engel um Hilfe, unser Innen zu heilen, damit das Außen folgt. Bitten wir zum Beispiel Erzengel Metatron und Gabriel uns mit dem Wissen und der Weisheit Gottes zu verbinden, und die Erde ist Licht.*

*Bitten wir, dass Erzengel Gabriel unseren Kanal heilt von allen Fremdeinwirkungen, und wir sind, die wir sind.*

*Bitten wir Isis und den heiligen Gral zu wirken und die Engel und Erzengel, und wir sind Licht.*

*Wir bitten dass alles zum höchsten Wohle gefügt wird, und die Seele sich zeigt vor dem geistigen Auge; bitten wir sie, uns unsere „Engelsflügel" wieder zu integrieren, uns in der Schwingung zu heben, und uns mit Gott und den Engeln noch tiefer zu verbinden; und auch der Kanal heilt erneut.*

*Und wir bitten auch, dass alle vorhandenen Magien, Bänne, Ortsbänne, Haltemagien und Klammern sowie Flüche und Voodoozauber gelöst werden (im Ahnenfeld, oder z. B. aus Vorleben oder diesem Leben; und alle Energieversöhnungen sind bereits erledigt und entschieden zum Licht, siehe S. 12 & 16).*

*Bitten wir, dass die weiß violette Flamme die Reste entfernt, und wir sind Licht. Ba Ra Sekhem, um dies ägyptisch zu betonen. Bitten wir, dass dies auch durch Gott unterstützt wird, und wir sind Licht. Und wir sind El Shaddai. Ba Ra Sekhem, um dies auch ägyptisch zu betonen.*

Notizen

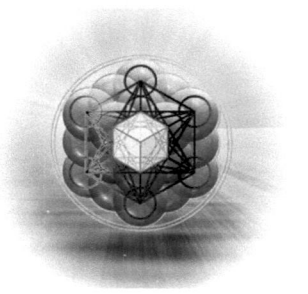

Montag **10.** November

Dienstag **11.** November

Mittwoch 12. November

Donnerstag 13. November

*Bitte sprich ganz liebevoll:*
*Ich bin Licht, ich bin Liebe, ich bin Wille und ich bin Gott*
*selber. Ich erlaube dies, denn ich bin Licht.*
*Ich bin Gott selber, und die Meister Kuthumi, St. Germain,*
*Lady Nada, die Göttin Isis, die Gottheit Seth, sowie Thoth,*
*den Licht-Horus, sie bitte ich, mich zu heilen.*
*Ba Ra Sekhem.*
*Und ich bin Licht.*
*Und mein Karma weicht erneut*
*Ba Ra Sekhem.*

*Ich danke Gott von ganzem Herzen, denn ich bin, der oder*
*die ich bin.*

*Sollte nun eine Rückführung angezeigt sein, folge ich dem*
*Link und spüre hinein, zum Beispiel durch folgende Bitte:*
*Gott, bitte erlaube mir nun erneut, ein früheres Leben an-*
*zuschauen, das mich in diesem blockiert, oder in dem ich*
*anderen Leid zufügte. Ich bin, der ich bin, und ich erlaube*
*mir dies, denn ich bin Licht. Ba Ra Sekhem.*
*Und Gott heilt.*

*www.christian-huels.de/rueckfuehrung.mp3*

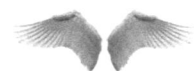

Notizen

Alte Leben spielen meist eine größere Rolle. Wir können an Lernthemen, Muster und andere „schief gelaufene" Themen aus Vorleben anknüpfen.

Wir bitten Gott und die Engel, nun alle Vorleben, die für das Thema eine Rolle spielen, zu klären, zu heilen, uns aus allen Schocks und Traumen zu lösen, die Aura von Einschusslöchern und Verletzungen zu befreien und alle Dinge und Fähigkeiten zu integrieren, wir sind Licht. Wir können sprechen: *Ich bitte um Vergebung und vergebe für das, was ich in Vorleben tat oder unterließ. Ich bitte um eine Energieversöhnung, und ich bin Licht. Ich stelle alle Seelenanteile in mir her, und ich bin Licht. Ba Ra Sekhem, und ich bin, der ich bin. Ich bitte um Lösung aller Traumen und Schocks, und ich bin Licht. Ba Ra Sekhem.*

Alte Leben

Freitag  **14.** November

Samstag **15.** November

Sonntag **16.** November

Montag 17. November

Dienstag 18. November

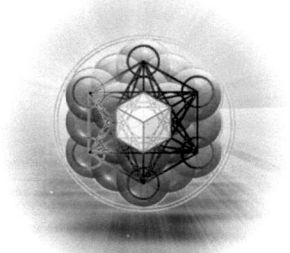

Wenn wir „aufsteigen", erfahren wir Erlebnisse, die wir in der „Normalität" unseres bisherigen Lebens und Alltags nicht in der Weise gespürt hatten. Wir werden hellsichtig, klarsichtig, hellfühlig und -hörig. Wir erleben die göttliche Urquelle, und sprechen aus weiser Perspektive aus dieser Quelle, durchgegeben von ihr, Worte der Heilung & Transzendenz.

Ein Beispiel:

Ich bin das Ich-Bin-Bewusstsein und ich erlaube mir zu channeln in der Reinheit des göttlichen Bewusstseins.

Alle Trennungen gehen, alle Treueeide gehen, denn ich bin, der ich bin. Und ich bin Licht.

Und wenn ich mich ganz Gott öffne, dann klärt sich der Ba der Trennung (ägyptisch für hohe Seele) zur Einheit erneut, denn wir sind Leben.

Und alle Anteile in uns heilen und auch unsere Verletzungen des Fühlens, des Wahrhabens ziehen sich zu reiner Transzendenz zurück – wir heilen alles in uns. Denn wir sind, die wir sind.

Und dann kann der Ba der Trennung in die Einheit, den Aufstieg, gehoben werden.

Und Gott und Amun Ra sprechen erneut:

Wir sind Leben, wir sind, die wir sind.

Und wir erlauben uns selber zu leben, lieben, lachen im Licht der Einheit, die wir in Wahrheit sind und nie verließen. Wir sind Leben.

Ankh – ägyptisch: Und der Sonnengott erleuchtet unser Gehirn.

Ba Ra Sekhem (Amun, ich bitte Dich meinen Geist, mein Höchstes Selbst von nun an nur Licht, Liebe, Leben und Fülle in mir erleben zu lassen.) [Weiter auf S. 290]

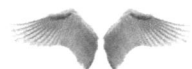

Notizen

Mittwoch 19. November

Donnerstag 20. November

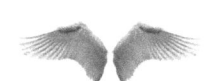

Freitag 21. November

Samstag 22. November

Sonntag 23. November

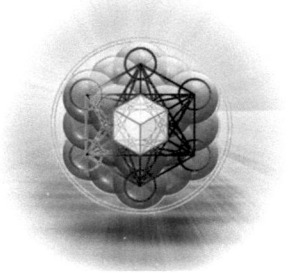

*Und reine Transzendenz sieht dies vor.*
*So seid, und Ihr seid, die Ihr seid.*
*Ägyptisch: Ba Ra Sekhem – und Ankh (=Leben).*
*Und Amun Ra lässt die Sonnenbarke leuchten.*
*Und der ägyptische Gott der Weisheit – Thoth lässt den göttlichen*
*Menschen in uns erblühen.*

*Und wir bitten ägyptisch (oder deutsch: Nuk hekau, nuk hekau, nuk*
*hekau = Ich bin Macht, und ich lasse alle Dunkelheit los, ich vertreibe*
*alle Dunkelheit erneut).*

*Ba Ra Sekhem, und der Ka (der Lichtkörper der Trennung), er weicht.*
*Wir sind Licht, reines Bewusstsein und unser Körper heilt erneut, denn*
*wir sind Licht=Leben.*
*Und die Schlange des Lichtes heilt, sie ist unendliche Gnade und*
*„Führung" für den Lichtmenschen in uns. Und die Welt heilt, wenn wir*
*Amun darum bitten.*
*Wir können auch Gott und Amun Ra darum gleichzeitig bitten, denn*
*sie sind in einem All der Dualitäten eins. Und so wir. So bitten wir um*
*Heilung, Transzendenz, Macht und Schwingungserhöhung.*
*Erlaubnis erteilt, denn Gott ist allmächtig. Und so sind wir erleuchtet,*
*wenn wir dies zulassen und wünschen, denn wir sind Licht.*
*Und die heilige Barke leuchtet und löst Trennungen und Verletzungen*
*in uns und in der Welt, die unser Bewusstsein vorhält. Dies heißt, wir*
*können diese Welt durch unser Bewusstsein heilen.*
*Und wir sind Ba Ra Sekhem, und auch die Tiere heilen mit uns.*
*Ba Ra Sekhem, sie sind Licht, wie wir.* [Weiter: S. 294]

Notizen

48. KW  24.- 30. November 2025

Montag 24. November

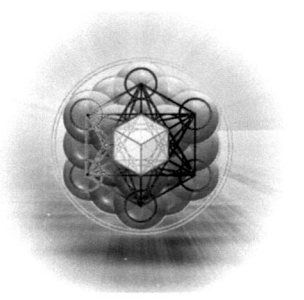

Dienstag 25. November

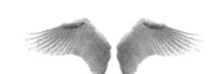

Mittwoch **26.** November

Donnerstag **27.** November

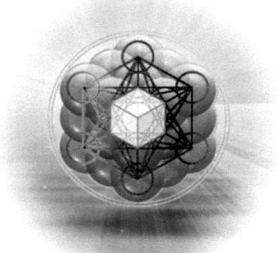

*Ba Ra Sekhem.*
*Lasst Euch fallen in die Arme Eurer Seele und seid, und Ihr seid, die Ihr seid.*
*Ba Ra Sekhem.*

*Und wenn Ihr spürt wie Eure Welt heilt, heilt Ihr den Teil in Euch und im Außen, wenn Ihr so wollt, den Ihr in die Liebe und Einheit transformiert. Und so bittet Gott, der oder die Euch unendlich liebt, darum. Ba Ra Sekhem, und Ihr seid, die Ihr seid. Und alle Dimensionen weichen. Ba Ra Sekhem.*

Erzengel Gabriel bitten wir in tiefer Liebe und Demut, Blockaden in uns, alte Schwüre und Eide in uns zu lösen, und uns mit dem Hellhören und Hellsehen tiefer zu verbinden.
Wir spüren die Liebe Gottes, und sie heilt uns.
Wir sind ägyptisch: Ba Ra Sekhem, und wir sind Licht.
Unser Innen heilt, und wir sind Leben. Ba Ra Sekhem.
Spüren wir den Erzengel Gabriel in uns wirken, und bitten erneut, Blockaden in uns zu transformieren, die jetzt gelöst werden möchten. Ba Ra Sekhem.

Erzengel
Gabriel

Notizen

Freitag  29. November

Samstag 30. November

Sonntag 31. November        1. Advent

Montag 01. Dezember

Dienstag 02. Dezember

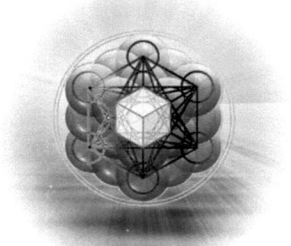

*Wir alle sind Gott, und dies ist keine „Anmaßung", denn das All ist eins, es ist Glanz, Licht und Liebe. Es reagiert auf unsere Sorgen, Ängste und Nöte, wie auf unsere Freude und unser Glück. Wir sind alle miteinander Gott selber. So spricht Gott durch mich und andere Medien und spricht mit sich selber – er redet zu Herzen, zum Verstand und „nutzt" unsere Hände, unsere Ohren und Beine, unsere Münder und Körper, denn wir sind alle Gott selber. Gott spricht durch die Engel und Erzengel, damit dies Spiel die Würde und Tiefe erlangt, die wir ihm geben. Und wir sind in Wahrheit ständig mit Allem verbunden. Und so steigen wir selber, wenn wir uns ganz dem Aufstieg widmen. Wir sind Gott selber. So spielen wir oft „Theater" vor anderen, ohne zu wissen, dass die Seelen, die bereits sehr hoch schwingen, dies Schauspiel klar erkennen und „ausnützen", um uns unsere Lernthemen zu spiegeln, denn wir ernten, was wir säen. So unter anderem unsere vielleicht auch negativen Energien, die wir dem anderen (Gott selber) senden. Gott spricht mit sich selbst, wenn er sich in seinen Unterscheidungen erlebt, und so fühlt er oder sie, wie es ist, ein Mensch zu sein, ein*
*Verstand, ein Gedächtnis, darauf zu fußen, darauf beruhend Entscheidungen zu treffen, sich selbst ganz zu lieben – und am anderen Pol der Dualitäten sich aufzugeben oder gar zu hassen.*

*Es ist ein Wimpernschlag im All der Dualitäten, das Leben zu spüren. Es ist dennoch für uns manches mal „anstrengend" oder scheinbar mit Hindernissen verbunden. Wie kann dies sein, da wir Gott selbst sind? Wir sind, die wir sind. Und Gott entscheidet durch den karmischen Rat, der auf tiefer Ebene eine Illusion ist, wer wann auf der höchsten Schöpfungsinstanz entscheidet. So wird einigen Menschen erst nach und nach das „Tuch der Trennung" weggezogen, das dies Spiel in Gang*

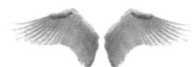

Notizen

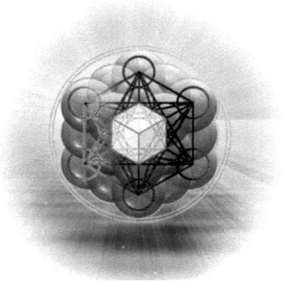

Mittwoch 03. Dezember

Donnerstag 04. Dezember

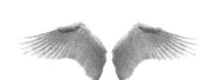

Freitag 05. Dezember

Samstag 06. Dezember

Sonntag 07. Dezember          2. Advent

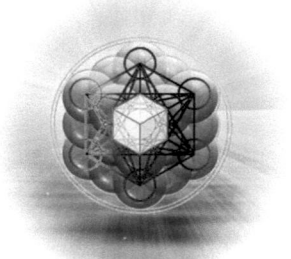

hält. Hierbei schöpfen wir durch Aufstiegsprozesse unser Leben mit. Denn aus höchster Perspektive sind wir reines Bewusstsein. Und wir lösen alle Trennungen in uns, wenn wir Gott und den Schöpfer aller Universen und mehr, die höchste Schöpfungsinstanz, darum bitten, den Aufstieg in uns zu beschleunigen. Und dies dürft Ihr tun.

Bittet ganz im Vertrauen:

*Gott erlaube mir, mein altes Karma abzustreifen wie ein altes Gewand und von nun an mitzuwirken an Deiner Schöpfung, denn sie ist unendliche Liebe und Gnade, und bitte lass mich aufsteigen in mein hohes Bewusstsein der Einheit.*

*Denn dann gehen die Trennungen.*

*Und wir sind Licht=Liebe und Leben.*

*Ägyptisch: Ba Ra Sekhem.*

*Und ich erlaube mir selber, Aufstieg zu sein.*

*Ich transzendiere alle Gewänder der Dunkelheit in mir, und ich bin Licht.*

*Ba Ra Sekhem.*

*Und die alten Gewänder gehen, reines Bewusstsein ist.*

*Ba Ra Sekhem.*

*Wir sind Licht.*

*Und ich erlaube mir selbst, reiner Kanal zu sein (für Gott selber, der ich in Wahrheit bin).*

*Und Gott spricht erneut: Ihr seid, die Ihr seid.*

*Und Ihr seid Leben.*

*Und Eure Anteile heilen, und ich bin Licht.*

*Spürt die Liebe Gottes, und Ihr heilt im Licht der Einheit.*

*Und ich bin Leben.*

*Und höchstes Schöpfungswissen.*

*Und ich erlaube allen Blaupausen zu weichen, und in Euch ist Licht = Leben.*

*Und wir sind Leben.*

Notizen

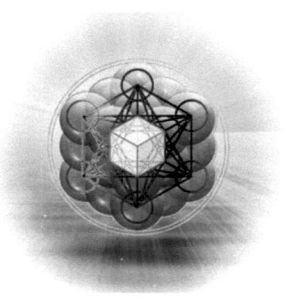

Montag 08. Dezember

Dienstag 09. Dezember

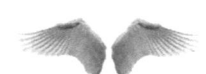

Mittwoch **10.** Dezember

Donnerstag **11.** Dezember

*Ba Ra Sekhem.*
*Merlin, der aufgestiegene Meister reicht Euch die Hand.*
*Und ebenso Kuthumi. Maha Chohan – der goldene Strahl leuchtet.*
*Und die Weisheit und das Wissen des All-Einen, es wird Euch zuteil,*
*wenn Ihr aufsteigt.*
*Und ich bin, der ich bin. Dies dürft Ihr sprechen.*
*Ba Ra Sekhem. Und die Erde ist Licht.*
*Und Ihr seid Gott selber.*

Der Ruhm Gottes, leuchtende Gnade Gottes. Erzengel Haniel unterstützt uns, unsere Spiritualität in Liebe zu leben, und die Gnade Gottes bedeutet, sich ganz dem Licht und der Seele zu widmen, innere Blockaden zu lösen, die mit verdeckten Gefühlen zusammenhängen oder in Vorleben getzt wurden. Wir bitten Erzengel Haniel, uns seine Größe zu zeigen. Und wie groß erleben wir ihn, wie groß sind wir im Verhältnis zu ihm? Sind wir in unserem inneren Licht gefestigt? Dann sollten wir in etwa gleich groß mit dem Erzengel erscheinen, und unser Licht leuchten lassen, Lassen wir dies zu und Gottes Sieg in uns wird uns heilen.

Erzengel Haniel

Notizen

Freitag **12.** Dezember

Samstag **13.** Dezember

Sonntag **14.** Dezember    3. Advent

Montag 15. Dezember

Dienstag 16. Dezember

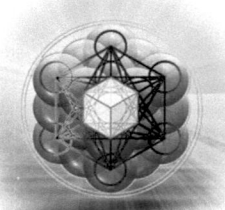

Erzengel Michael heilt. Wir können ihn bitten, alle Seelenverträge und Verstrickungen mit allen Seelen in allen Leben nun zu lösen, wenn dies Gottes Wille ist. Der Erzengel Michael befreit uns, und wir bitten ihn darum. Gott und Erzengel Michael, bitte heilt meine Seele von allen „Abtrennungen" und Verstrickungen, und ich bin Licht, ich bin Liebe, ich bin, der ich bin. Gott, bitte löse mich aus allen Verstrickungen mit den Seelen, die jetzt gelöst werden dürfen. Und ich bin Leben. Ankh. Und ich bin Licht. Danke von Herzen Gott & Erzengel Michael.

Erzengel Michael

Stichwort:
Energieversöhnung

Notizen

Mittwoch 17. Dezember

Donnerstag 18. Dezember

Freitag 19. Dezember

Samstag 20. Dezember

**Sonntag 21. Dezember**    4. Advent    Winteranfang

*Goldenes Atlantis*

*Zu Zeiten von Atlantis war die Einheit in uns selbst zu erleben. Das heißt, wir waren mit Gott in uns stark verbunden, wir spürten das Höchste Selbst, und verkörperten Eins-Sein. Die Liebe zu Gott war unermesslich. Wir können dies spüren, sobald wir Gott bitten, unser drittes Auge zu öffnen. Wenn wir darüber meditieren, spüren wir die Liebe Gottes, spüren wir die Reinheit unseres dritten Auges und spüren Atlantis, das in uns wieder entstehen möchte. Dazu dient diese Affirmation: Gott, bitte lasse das goldene Atlantis in mir entstehen. Denn ich bin Licht. Spüren wir erneut, wo wir die Lernthemen in dieser Inkarnation haben und erleben. Gott heilt, und wir sind, die wir sind. Wir spüren die Liebe Gottes und die Affirmation wirkt – auch im dritten Auge, auch in den höchsten Chakren. Spüren Sie, welchen Sanftmut das wahre Atlantis beinhaltet. Es entstehe aufs Neue.*

Notizen

*Ich bin, der ich bin. Und ich bin Licht, ich bin Liebe, ich bin Wille und Weisheit, ich bin Leben, und die Erde ist Licht. Ich löse alle „Erdgebundenheit" in mir, und ich bin Ba Ra Sekhem, und ich bitte den Meister Kuthumi, sowie den Maha Chohan, mich nun zu unterstützen, alle früheren Leben in mir zu heilen und zu klären, sowie die Sternenleben, die blockieren, und ich bin Licht, Ba Ra Sekhem.*

*Wir spüren den Prozess in uns und bitten in tiefer Liebe um Vergebung für früheren Leben und gleichzeitig lösen die Erzengel Michael, Raphael, Metatron, Gabriel und Sandalphon die Verstrickungen mit anderen und integrieren in uns die Einheit. Ba Ra Sekhem, und wir danken Gott und den Erzengeln & Engeln. Ba Ra Sekhem.*

Montag 22. Dezember

Dienstag 23. Dezember

*Wir spüren die Liebe Gottes, und sie heilt. Sie heilt unseren Ba. Und wir sprechen: Gott, bitte heile meine Trennungen und Trennlinien, und ich bin Licht. Lass mich Deine Liebe sein, und ich bin Licht. Und ich spüre dies. Ich bin, der ich bin. Und Gott ist. Und so lösen wir alle Verstrickungen erneut, die wir jemals erzeugt haben, und wir sind Licht. Ba Ra Sekhem.*

*Und die Erde ist Licht, und in Wahrheit ist sie eine Illusion, und wir sind Licht. Ba Ra Sekhem. Und wir sind Leben. Ankh, und die Hieroglyphe leuchtet in uns. Ba Ra Sekhem.*

Notizen

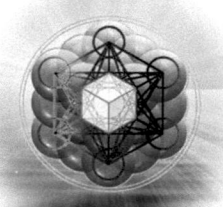

Sobald wir anderen „die Schuld" an eigenem Versagen und Scheitern geben oder andere verantwortlich machen für unser Glück, können wir von Externalisierungen sprechen.

Auch die Idee, dass Frauen für die Gefühle, Männer für das „Rationale" zuständig seien, wäre eine reine Externalisierung. Denn sobald wir uns unseren wahren Gefühlen widmen (der Einheit von Allem mit Allem und mit Gott), entsteht keine Abtrennung in uns.

*Gott, bitte erlöse alle Externalisierung, alle damit zusammenängenden Rollenmuster und Rollenspiele in mir und in Beteiligten. Ich bin frei, ewig frei, und ich bin Licht.*

Ba Ra Sekhem, und alle Externailisierung, auch an Gott, der in uns ist, weicht. Ba Ra Sekhem.

Externalisierung

Mittwoch **24.** Dezember        Heiligabend

Donnerstag **25.** Dezember        1. Weihnachtstag

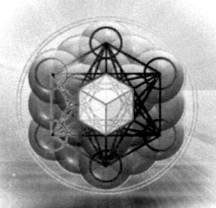

Freude ist eine hohe Energie. Wenn wir Dinge tun, die wir lieben, wenn wir Zeit mit geliebten Menschen verbringen oder einem Haustier, stellt sie sich fast automatisch ein. So wir ihr nicht genug Raum geben, bitten wir Gott und die Engel um Hilfe, in uns wahre Freude am Sein zu integrieren, alle Hemmnisse anzuschauen und zu heilen (ob aus der Kindheit, aus Vorleben oder Sternenleben, in denen wir vielleicht Leid antaten oder Opfer von Traumen, Magien und Folter waren). Bitten wir Gott um Hilfe, um dies nun zu lösen. Und ich bin Licht, dies dürfen wir sagen. *Bitte Gott, erlaube mir Freude und Glück zu sein und zu fühlen. ich bin Licht, Ba Ra Sekhem. Und ich danke Dir von Herzen.*

Freude leben

Freitag **26.** Dezember 2. Weihnachtstag

Samstag **27.** Dezember

Sonntag **28.** Dezember

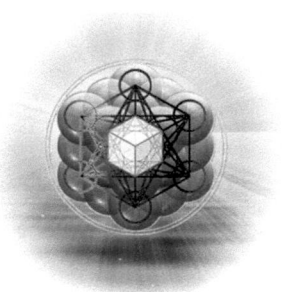

1. KW    29.- Dezember 2025 - 04. Januar 2026

Montag 29. Dezember

Dienstag 30. Dezember

Mittwoch **31.** Dezember          Silvester

Donnerstag **01.** Januar          Neujahr

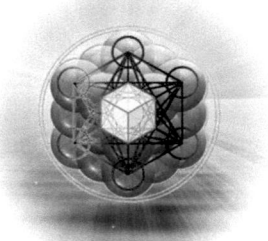

Unser inneres Kind heilt. Wir bitten alle inneren Kinder, auch die nicht geheilten, jetzt „hinter unserem Rücken" nach vorne zu treten. Sind auch „wütende" Kinder da? Lassen wir sie ebensfalls nach vorne treten. Wir bitten Gott und die Erzengel nun um Untersützung, diesen Kindern zu helfen, ihnen Liebe und Frieden, Halt und Schutz zu geben. Wir sind Licht. *Gott, bitte heile meine inneren Kinder, lass mich Deine Liebe spüren, lass alle falschen Selbstbilder nun gehen. Lass mein inneres Kind strahlen, und auch aller Stress weicht, den ich erlebt habe, alle Schuldgefühle, nicht gut zu sein ebenso. Wir können sprechen: dieser „Schmerz" ist nicht meiner. Mein inneres Kind legt ihn in die Hände Gottes. Und ich bin Licht. Ba Ra Sekhem, und die Engel und Erzengel, wie Haniel und Raphael wirken.* Danke von Herzen.

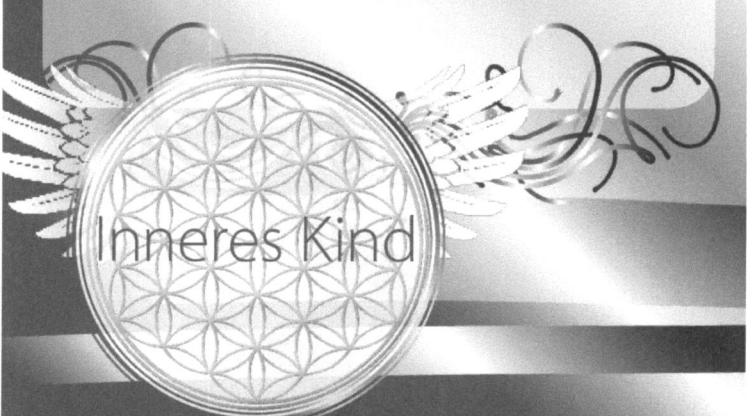

Inneres Kind

Freitag 02. Januar

Samstag 03. Januar

Sonntag 04. Januar

Euer Seelenatem heilt.
Und Ihr seid Licht.
Ba Ra Sekhem.

Von Seele zu Seele –
Namasté.

www.christian-huels.de

Ich danke den Seelen, die mich begleiten, meinen
Eltern, meinen Ahnen,
meinen Freunden.
Fühlt Euch herzlich umarmt.

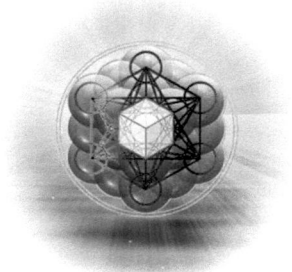

*Wir danken Gott selber und sprechen: Gott, bitte lenke Du, lass mich Deine Weisheit und Liebe spüren und verkörpern, lass mich Deine Liebe sein, und ich bin Licht.*

*In diesem Leben wähle ich das Licht und den Aufstieg, und ich bin dies.*

*Ba Ra Sekhem. Und ich bitte Dich, mein 3. Auge erneut zu heilen aus allen Inkarnationen.*

*Und ich bin Licht. Ich bitte auch Jesus Sananda, meinen Aufstieg zu begleiten und mein Herz zu heilen, und ich bin Licht, Ba Ra Sekhem, um dies erneut zu betonen.*
*Ba Ra Sekhem.*

## *Alles ist Licht.*

*Gott selber*

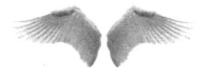